引 言

九年前一个偶然而必然的机缘，我深入佛门。

此后的岁月，我为寻觅僧踪去过大江南北，深山莽林。我到过南传佛寺，住过汉传丛林，也走进过藏传佛教的辉煌殿宇。

我结识了版纳密林中的小沙弥，邂逅了和蔼可亲的老法师，拜谒了令人景仰的大德高僧，也曾与九十高龄的方丈同食共住历三载。

我曾感受深山梵门的清幽，追随苦行僧去往远方。我曾跟法师们坐禅修法，深夜与高僧挑灯论道，聆听教诲。我曾在狂风惊涛之夜，跟随僧侣们冒险强渡海峡去拍摄受戒。我也曾经历了佛门的生离死别，深受震撼，刻骨铭心。

我大概明白了如何做人，和一个人一生应该怎样度过！

佛泽

影像中国佛学文化

张望 著文／摄影

浙江摄影出版社

目　录

序

释迦牟尼佛说自己是"人数"、"僧数",意思是说自己虽然彻悟了人生的真理,寂灭了内心的烦恼,超脱了世间的轮回,但他仍然是人、是僧,外在形式和生活与我们是没有区别的。但大多数没有走进佛门的人,对佛陀以及佛门里的僧人都是充满好奇的,他们到底怎样生活,他们的内心世界怎样,这都是佛门之外的人想要了解的。通过《佛泽——影像中国佛学文化》一书,人们可以真实地了解佛门中鲜为人知的生活以及僧侣们的内心世界。

我通过对该书的阅读,颇有感悟。首先是随缘的人生态度,它是修行人所必需的,非但不消极,反而是一种积极的人生态度。一般人认为出家了就什么事情都不做,远离社会人群,是避世,是一种消极的人生。其实,佛教出家人不仅不消极,反而相当积极。如书中列举了一位法师对"随缘"的解释,他说当各种条件具备时,积极争取以达成目的那是随缘,如众缘聚合时而本人不努力去做事那就不叫随缘。这是一种符合佛教大乘精神的随缘态度。随缘就是要顺势而为,顺随的是客观条件和时机,是一种积极而明智的人生态度。佛教的根本精神就是要服务社会和人群,所做的一切事情都是在普渡众生。这种淡定与明智,我以为能使人减少生命历程中的诸多烦恼,化解不必要的世俗仇怨,从容而坦然地对待生命中的荣辱、得失、祸福、生死,给人生与心灵带来宁静、平衡与满足之乐,这便是随缘的人生。

其次是恬淡的佛门生活。佛陀教导弟子要"乐寂静处",也就是要远离喧嚣的生活环境,回归到一种自然、恬静、淡然与和谐的生活中去。书中对佛门的日常生活进行了细致的描述，图文并茂，如早晚课、过堂、诵戒、禅坐等。实际上，出家人的生活是一种极度简单而纯粹的生活，一衣一钵一榻便是其所有"财产"，生活虽然清苦，但他们的内心却是宁静安详的，无欲无求。特别是在物质文明高度发达的今天，在人们的人生观和价值观都发生了巨大变化的情况下，出家人的这种生活和精神境界显得弥足珍贵。书中还描述了一位苦行僧，佛陀虽然既不主张苦行，也不主张纵欲享乐，但在今天，不追求物欲而过着苦行的生活更是难能可贵，这种苦行的生活赋予了生命非凡的意义。

再次是佛教兼善天下的精神。佛教不是独善其身，而是兼善天下。佛教徒不是自私自利，而是普渡众生、自利利他。佛教的慈悲、布施等理念，是佛教慈善文化的具体内涵，也是佛教的根本情怀。佛教的立足点就是普渡众生，而佛教的慈善事业就是这种精神的具体表现。书中描述了两件事：一是某佛学院学僧的放生经历。其实，放生不仅是佛教大乘慈悲精神的体现，而且也是一种环保理念、有情生命的平等观。佛教"五戒"中的第一戒是不杀生，就是不杀害其他的生命，这实际上是促进众生、社会和平幸福的第一要素。佛教也有"十善业"和"十恶业"，而"十善业"的第一即是不杀生，"十恶业"也以杀生为首。可见爱护或夺取人类及其他众生的生命，被认为是佛教中最大的善恶，这种有情生命的平等观，是实现人类和平的重要条件。二是某师父在自己并无多余金钱的情况下还竭力地帮助他人。佛教的基本精神就是利益众生，而不为自己求安乐。佛教所说的慈悲，慈就是要给他人带去快乐；悲就是要解除他人正在承受的痛苦。这不仅是佛教最单纯的动机，而且也是一个佛教徒所应具有的基本素养。"帮助那些需要帮助的人是佛门弟子的本分"，这就是佛教徒所具有的一种"兼善天下"的基本情怀。

最后是人与自然的和谐。佛教寺院既是僧人的修行场所，同时也是人们追求的梵国净土。书中的张张画卷，将人与自然的和谐、人们心目中的净土表现得淋漓尽致。《风里看花花非花，烟中礼佛佛即佛》的梦幻仙境，表达了佛亦近亦远的思想主题；亦有《一领长衫任去留，哪知尘世有喧嚣》的超凡脱俗；还有《寺外青山山外天》的清净空灵。书中的图文，让我们感受到了人与自然的那份和谐，以及佛门的清幽与空灵。

张望老师从事佛教题材摄影多年，与佛门结下了深厚的情谊，他用镜头记录下了佛教中许多精彩的瞬间。这次出版的《佛泽——影像中国佛学文化》，是他多年来从事佛教题材摄影心血的结晶，精美的摄影作品，淡雅的文字，真实地记录了僧侣的日常生活和内心世界，描述了佛门的清净与和谐。我与张老师结识多年，感情真挚而深厚，深为他的艺术精神而感佩，特撰此文，序于书前。

杭州市佛教协会 会长

杭州佛学院 院长　　释光泉

杭州灵隐禅寺 监院

2007 年 8 月 25 日

走进天台山佛学院

凌晨四点，漆黑一片，万籁俱寂。我在睡梦中忽闻敲板声渐远渐近、若有若无，紧接着院子里响起轻微的洗漱声。少顷，夜空中飘起了袅袅梵音。

这是天台山佛学院一天的开始。

浙东大山深处的佛学院

长途汽车从浙江省省会杭州出发，沿着笔直宽阔的杭甬高速公路向东南沿海方向疾驰，两个多小时后拐入一座人烟稠密的城镇，这就是浙东山区的天台县城。佛学院位于境内的天台山上，搭乘中巴车，沿着曲折蜿蜒的山路盘旋上升，山势险峻处令人心悬。近山巅处岔道往左，沿着一条狭小的简易公路，中巴在苍松翠柏深处嘶吼着颠簸穿行。忽上忽下地不记得转了多少个弯，当见到远处森森古柏中闪现出一道红墙后，便隐约望见苍松掩映中佛学院的琉璃瓦顶了。

我这次是专程前往天台山拍摄佛学院的。天台山佛学院设立于有着一千多年历史的天台山万年寺内，群山环抱，环境清幽。负责接待的法师领着我参观了整所学院。据法师介绍，该校为佛教天台宗祖庭国清寺所办的专宗学院，现有正科（本科）班学僧、研究班学僧近五十人，再加上授课法师、老师、职工及万年寺常住法师等共有近百人。在谈到佛教天台宗时，法师说，天台宗是佛教自印度传入中国后第一个完善教法体系的佛教宗派，创立于一千四百年前南朝的陈与隋朝之际，并在隋、唐与宋时盛极一时。创宗后，日本、朝鲜半岛诸国不断有

海拔一千多米的天台山位于中国东南沿海，佛学院即隐于大山深处

影像中国佛学文化

以三宝为正信的核心，
以因果为正信的准绳，
以般若为正信的眼目，
以解脱为正信的归宿。
——净慧大师法语

4

佛教名山天台山环境清幽，寺庙遍布

人前来天台山求授教法,学成回国后开创了日本、韩国佛教天台宗,并尊天台山下的天台宗道场国清寺为"祖庭"。历经千百年的朝代更迭及人事变迁后,至元、明时天台宗日渐式微。近几十年来,东南亚一些国家的佛教天台宗僧侣来"祖庭"天台山朝拜和寻宗的越来越多,因此天台宗急需培养佛教对外交流人才。从天台宗的发展出发,也需有专门的研究机构继承并发掘浩瀚的教义典籍,复兴佛教天台宗。因此于1999年上半年,在得到政府的支持及海内外信众的帮助下,成立了天台山佛学院,学制三年,学僧们毕业后本着自愿的原则,回原出家寺院或自己选择去向,也可留校攻读研究生……

我少年时代即对神秘的佛教文化十分向往。在中国美院求学及毕业后,我常利用回乡探亲的机会,去名山古寺探访或小住。在那里聆听着寺院的晨钟暮鼓,看着山上的日出日落,感受着僧人们早晚功课的虔诚,故一直有种期盼——走进他们的内心世界,以摄影这一艺术形式,展示他们真实的生活状况。

苍松翠柏掩映中的天台山佛学院

这次可谓众缘聚合，在获佛学院许可后，我决定以此为契机，深入令我向往已久的神秘的佛门圣地，拍摄并记录僧侣们的生活，以了夙愿。

佛学院的一天

在那段难忘的日子里，我与学僧们朝夕相处。每天凌晨四时敲板声响起后，我即跟着学僧们一起穿衣下床，顾不上洗脸，便背着沉重的摄影器材，睡眼惺忪地沿着佛学院弯曲的过道摸黑前往大殿拍摄早课。佛门的早课在每天凌晨人们还熟睡时就开始了，一般人无缘见识，早课由一人领众起腔，数人敲击木鱼、引磬、铃鼓等法器，众人和声梵唱。在法师们的带领下，学僧们时而站立诵经，时而经行绕佛，时而礼佛问讯，时而虔诚祈祷。缭绕的梵音悠扬而曼妙，我恍若被引入梦幻的境地，内心安宁祥和。

早课结束，听到叫板声后学僧即集中到斋堂用早餐。餐后是自由安排时间。正式上课之前的这段时间里，学僧们或打

无论严寒酷暑，每天凌晨四时，学僧们必得起床齐聚大殿上早课

佛学院学僧参谒天台宗智者大师说法处

教室里梅香沁脾

扫庭院，或整理个人卫生，上午八时正式上课。佛学院的课程十分丰富，在这三年的时间里，他们不但要学完中外佛教史、天台宗教义以及古汉语和书法课，而且还要学习英语。佛教部分由本院法师授课，古汉语及英语则聘请浙江师范大学退休老教授。对于文化程度不一、经历各异的他们，学好佛教深奥的义理与文化课的确不是一件容易的事。好几次夜已深了，我看见英语老师及法师的宿舍里仍然有一些学僧，他们在费力而认真地请教着一道道难题。

佛学院中午十一时进午餐，稍作休息后下午继续上课。到下午四点课程结束后，学僧们即返回宿舍换好上殿的僧服，又如早晨般齐聚大殿诵经唱赞，这被称作晚课。起初他们早晚做功课时我看不出什么门道，后来，学僧们告诉我，上殿时规矩

凌晨上早课时分，灯影迷幻，梵音缭绕

很多,连排列都很有讲究。比如未受戒的学僧上殿只穿"海青"服,他们列队排在后边;前边一律是法师和已受戒的学僧,称作"比丘",他们服装的标志是一律在海青外面再搭上一件名为"七衣"的袈裟。不单是上殿时,学僧们日常的举止言谈有一套严格的教规要求,其他场合他们也必须遵守相关的佛门礼仪。记得有一次我在大殿旁拍摄几个小学僧,忘情的他们有的手舞足蹈,有的高声谈笑,这时负责佛法戒律的法师走过来对我说,这是不合适的!随即当场批评了他们,学僧们顿时恢复了平日的端庄模样。我当时颇感纳闷,事后专门请教了这位法师。他说,按佛门仪规,学僧们平时行为要有威仪,不得大声喧哗,不得举止失仪,不得坐门槛上,不得靠墙上。这只是一部分,还有其他许多规矩和法度,皆不得违背。

旭日初升,学僧晨读

早、中两次用餐称"过堂"，有一套严格的佛教礼仪规范

晚课一般五十分钟左右，稍事歇息后进晚餐。佛门食素，菜肴基本以新鲜蔬菜和豆制品为主，还有一些佛门外少见的腌制品。初尝尚算可口，但佛门外的人吃上一两天就会受不了。就餐也有严格的仪规，早、中两餐用膳时，学僧们必须穿袍搭衣，统一在斋堂用餐，就餐前同声念诵"供养咒"，整个过程要求整齐肃穆，不得杂语喧哗。

晚上六时半开始自修课，在这之前的时间是学僧们一天中最轻松的时候。晚餐后他们三五成群地走出佛学院，沿着山脊上的石级小道悠闲地散步，一般我都带着一个简便的相机同行。有一天，夕阳已隐入山后，绚丽的晚霞像巨大的彩幕悬在黄昏的天空中，山脚下天台县城华灯初放，在夜幕中隐隐约约地闪烁着光彩，像是在诱惑着山上的人儿……那天有几位学僧在山岗上或坐或倚，手上捻着佛珠，久久地凝望着那个方向不说话，暮色笼罩下的他们像一尊尊模糊的塑像，看不见他们的表情，也不知道他们所思为何——真是一幅绝妙的"红尘静观图"。不巧那天光线已太暗，又未带三脚架，我

"修止观"是天台宗主要的修行方式，通过静虑专心以达到清心明性的境界

只得手持相机拍摄，冲洗后发现底片因感光度太低不清晰，后悔得顿足叹息。

　　佛学院里最隐秘的应是"修止观"的时刻。为了认识其意义，我在那段时间里专门查阅、研读了相关佛教书籍，初涉天台宗理论。天台宗经典《摩诃止观》云："法性寂然名止，寂而常照名观。"对此我请教了负责止观课的法师，他说按通俗的解释，"修止观"即是以静坐的方式，帮助出家人减少杂念，明心见性，从而悟到佛教教理的真谛。此为天台宗独有的修行方式，深层的意义需自己慢慢去悟。

　　晚八时夜自修结束后，学僧们披上棉僧袍，一起来到位于大殿左侧的止观堂。室内置若干条宽约一米、长十余米的木制坐榻，上面铺以棉垫作御寒之用。此时正值寒冬，山上冷得令人牙齿打颤，学僧们裹紧棉袍，脱鞋依次盘腿坐在榻上，调整呼吸后，由负责止观课的法师熄了灯，关紧门。学僧们在里面静坐，静虑专心，随着细若游丝般的呼吸，进入冥思默想的境

山上学僧与山下灯火辉煌的天台县城

凌晨即需起床做早课的学僧有的夜自修到很迟

界，整个过程约持续一小时。这段时间止观堂里漆黑一片，周围十几米内不得有任何人为的响声，所有人经过止观堂周围都须踮起脚尖轻轻地走。只有黑夜里山风吹着佛学院后山的松涛伴着室内凝神清修的僧众们……此时此刻此境，我忘了摄影，忘了与生俱来的喜怒哀乐，愣愣地站在门外——这个世界在我眼中仿佛变了，变得有点不认识，身体好像通过电流一样麻麻的，我的心底里泛起一种异样的、奇妙的、绚丽变幻的感觉。要问我当时究竟感受到了什么，我至今也说不清。

他们从哪里来？他们为什么选择了这条人生之路？

又是一天上早课的凌晨时分，我在大殿内支好相机三脚架等候，学僧们又开始了每日相同的绕殿诵经仪式。幽暗的烛光中，这些暗红色的身影从我面前缓缓经过，触动了我内心许久以来就有的一个疑问：这些人，他们是从哪里来？他们为什么选择了这条人生之路？

16

每星期六晚上是电视开放时间，是学僧们难得的放松时刻

　　那年过年前的一个晚上,在学僧慧寂法师的房间里聊得很深时,他向我敞开了心扉:

　　时年45岁的慧寂法师是河北保定人,毕业于武汉的一所大学。他说从小学开始自己就是尖子生,作业都是轻松完成,所以一有空闲就找大量的课外书读。初中时已读完大部分世界名著,高中时读了尼采、叔本华等不少哲学家的著作。因为书读多了,经常思考,自然而然地想着如何解决生与死的问题。所以在大学时研究了世界上的几种宗教,花费了不少精力,但总觉得不能从根本上解决人生的终极问题。毕业后分配在武汉工作。有一年樱花开放的季节,他与同学、朋友一起聚餐喝酒,半醉后一个人走回家,途中见到一座寺庙,不由自主地进去,见到法物流通处有不少佛教经典与书籍,心想佛教还有那么多理论书籍,不由得肃然起敬。当时见到一本《大佛顶首楞严经》,他记起有人曾说过此经对世人有启蒙作用,当即就买下。回家后当夜看完,书中对人生、世界的所有看法都很深入透

彻，对这世界的一切解释使他深信不疑，就因这本书，他从此确定了出家皈依佛教的意愿。

几天后，他留了一封信告诉家里人出家去了。他没与父母、女朋友告别，就一个人前往五台山。在路上犹豫着，不知自己是否受得了做和尚的苦。但为了考验自己，他在途中就将身上的钱物全部施舍给了路人，路人吓得都不敢要，不知他是什么意思，最后还是施舍完了。然后他就开始乞食步行——就是要饭！一路往北方去。夜里一般睡人家屋檐下面，经常遭人白眼讥骂……就这样，历时半年的艰辛之后，他终于觉得自己能受出家之苦了。后来到了北方一座名山菩提寺，寺里住持愿意收他为徒，他就随缘在该寺出家。离家大约一年左右，他遇到去山上旅游的一位邻居，邻居说他走后家里找他找得死去活来……出家一段时间后，慧寂法师感到过去所学的都是世俗学问，现在急需去学习佛法教义。师父也支持，告诉他有位师兄在天台山佛学院读书，经他联系，最后慧寂法师考进了天台山

学僧们轮流做次日的早点，这也是一种学习

荒芜了信念，也就荒芜了整个人生

长久的凝心静虑，才能顿悟

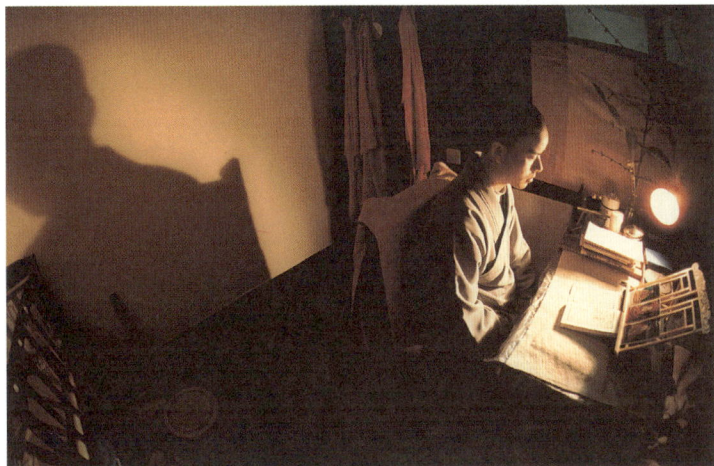

青灯黄卷、只身孤影，学佛之路修又远

佛学院。

　　学僧圣灯法师的出家经历就显得比较轻松。时年二十一岁的圣灯法师来自于四川彭州，来佛学院前在四川峨眉山出家。说起出家的原因，圣灯法师坦然地说当时只觉得好玩就出家了！那年他初中毕业曾参加过中考，可一次与小伙伴到附近寺庙里闲逛，忽然觉得做小和尚很好玩，一念之下就出了家。后来中专的录取通知书转到了寺院，他也不去读了。时间长了，没有了最初那种好奇心和神秘感，他觉得没什么意思，于是心生后悔想还俗复学。后经师父指点，认真地看了一些佛教著作，尤其在读了一位密宗大师的个人传记后，他深受感动，还是留了下来。然而过了些时日，他竟又想还俗……就这样几经波折，直到有一天看见某大酒店内花天酒地的人群后，内心触动，顿悟人生之道，从此坚定了出家的意念，并且正式受了戒。后听说天台山佛学院在招生，他详细了解了天台宗的历史并得到师父支持后，舍弃其他几所佛学院而报考了这里。

　　来自甘肃天水的学僧普照法师的出家主要是受其父母的影

影像中国佛学文化

响。祖居于佛教胜地麦积山附近的普照法师,曾祖父、祖父、父母三代皆信佛,普照因此自小便与佛门因缘颇深,时常被父母带到寺庙去拜佛烧香。初中毕业那年,他没考上高中,当地生活条件不太好,一时也没有其他事做,他便想到了出家。父母对他这一主意也很支持,于是他就在附近的寺庙出了家。几年后他云游到浙江温州一所寺庙时,那位住持原是天台山国清寺过去的,说起天台要办佛学院,便推荐他前来报考。就这样,普照法师开始了他的佛学院生活。

星期天的红尘之旅

星期天早晨六时,普照法师他们几位学僧去天台县城办事,我挎着两台相机与他们一起坐着中巴车下山。我早就想找个机会跟他们走一趟,去感受一下他们是如何与这个红尘世界相融合的。

到县城后,学僧们先去了县中医院,庄智法师与一位同学身体有点不适去找医生看病,其余学僧一起上了三楼探望一位

在大自然中舒展身心,交流修学的体会

22

晨钟暮鼓的学佛生涯

过年了，向生养自己的父母和有教导之恩的师父问个好

住院的同学。那位学僧正在打吊针，无外人在场，学僧们一下拥到了床边，七嘴八舌地问起病情，有的拉拉手，有的摸摸脸——此时此刻他们实实在在是一群热情活泼的少年。还是小学僧能益细心，在医院门口买了一袋锅巴来招待病中的学友，大伙也乘机陪他一块分享。

到邮局打电话是学僧们当天的重中之重。一进门，他们纷纷掏出ＩＰ卡，熟练地拿起电话拨打长途——快过年了，有的给师父或父母打个电话问候，告知学习情况、放假日期，或要求汇些路费；有的给亲朋好友打电话；有些通知家中春节不回去了，顺便问候一下……通完话后他们神态各异：有的兴高采烈，有的如释重负，有的一言不发。有个学僧打完电话后默默地坐在长椅上许久没动，眼睛直直地看着前方——显然，他刚才的筹款计划遭遇了困难！另一个学僧电话打了一半ＩＰ卡的钱用完了，对方还在等着他，不知是没带钱还是舍不得，在那里直挠头，触动了我的恻隐之心，我掏出手机送到了他的面

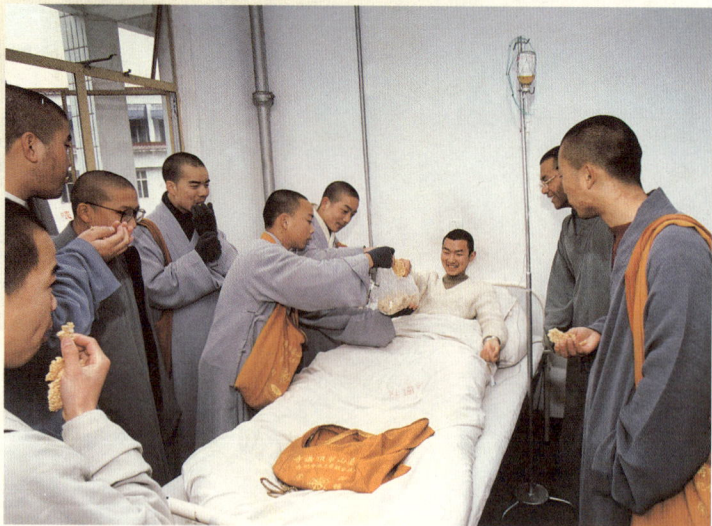

生老病死终难免，互相帮扶见真情

24

前……我眼前的他们不是普通人，然而他们实实在在又是普通人！以前总听人说佛教徒出家后顿时了断一切情缘，断绝了与尘世的所有联系，见了亲生父母还双手合十口称施主云云。对此我一直心存疑虑：人乃血肉之躯，即使要斩断与生俱来的、人性本能的"情"，也需有一个过程，难道能顿时成就？今观眼前的情景，着实心有感怀：现实中的人们吃饭要钱，坐车要票，大事小事都要与人打交道，他们能与这个世界脱开联系吗？或许很久以前之社会结构及人际关系非比今日，有人能臻"雪满山中高士卧"之化境，但时至今日，委实非我等所能想象。

　　打完电话后大家来到超市选购日用品，并参加了商场的摸奖。小学僧能益竟摸到了一瓶饮料，十分开心。中午去城里一

佛教倡导众生平等，所以小猫如此习以为常

家较便宜的菜馆进了一些素食之后,大伙轻松地步行,看看街景,帮普照法师到花店选供佛的鲜花,到书摊上翻翻书,给其他学僧代购些小商品,到了下午四点多钟,大家挤进了上山的末班车,在暮色苍茫中回到了佛学院,一天的红尘之旅结束了。

普陀山受戒目击

　　十月的一天,佛学院二十八名学僧前往佛教圣地普陀山受戒。我备齐了摄影器材,决定去跟踪拍摄全过程。然而,谁能想到这一次竟与学僧们一起接受了生与死的考验!

　　据说佛门的受戒是僧人一生中最重大的事,带队法师给我讲解了它的意义:即相当于佛教协会授予一个合格的出家人以身份证明! 一般进入寺庙出家的人须经过若干时间考验,符合各方面要求后才可去受戒。对于僧人来说,受戒又称求戒,表示求戒者愿意遵守佛门的戒律,希望僧团对自己进行教规约束和引导,使自己成为一名真正的出家僧人——比丘。而主持

受戒时的开堂法师教导求戒者,包括取碗吃饭等一切动作都要合教规要求

26

受戒仪式的佛教部门会对求戒者进行考查和各种训练：先是资格的审查，再是清苦生活的考验，并辅以夜以继日的、高强度的体力训练和对佛教理论的考查。全部通过后按沙弥戒、比丘戒、菩萨戒的顺序分三次进行受戒，其中仅比丘戒一项须持戒律就多达二百五十条。整个受戒过程将近一个月，有许多意志薄弱者中途即会被淘汰。通过的将被授予戒牒和证书，并须终身持守戒律。我问法师二百五十戒究竟是些什么内容，他笑着说按佛教戒规，未受比丘戒者一律不能告知。

　　谁知，刚才还一路欢声笑语的我们顷刻面临着生死的考验——下午一点三十分抵达川山码头后，我们却被告知因台风影响，当天去往普陀山的渡海轮船全部停航，也无法确定第二天能否开航！而按受戒要求，若未按规定的日期抵达则意味着放弃，须待若干年后才能再申请；若强行设法渡海，则意味着将面临极大的生命危险！在彷徨犹豫和激烈的讨论磋商后，我们最终选择了后者。在这生死抉择的时刻，我内心升起一种难

初次到海边的学僧们，兴奋异常

以言喻的庄严神圣的激情，使我毫不犹豫地选择了与学僧们一同接受这非比寻常的考验。经过乘中巴换渡轮再乘中巴的辗转颠簸后，五时多我们抵达与普陀山隔海相望的朱家尖码头，下车时，但见狂风暴雨中，浊浪滔天的海面昏暗恐怖，雨伞被呼啸的台风吹成反鸡冠花状。暴雨中三十一个人爬上一条雇来的木渔船。大伙紧紧挨挤在狭小的船舱里动弹不得，挤不进的学僧手攀舱板悬在船帮与船尾间，在黄昏惊涛骇浪和风雨呼啸声中劈波斩浪强渡普陀山海峡。无数次小船被抛上浪尖又砸向谷底，险象环生。因挤不进去只能半蹲着，后背露在舱门外被暴雨狠狠击打的我此刻只有一个念头：要把这一刻真实地记下来！在手脚几乎无法挪动的困境中，我用尽力气抽出装有18mm超广角镜头的尼康相机，颤抖着举过头顶按下快门……

黑漆漆的夜晚，最终我们一个个水淋淋地登上了被称为"海天佛国"的普陀山，筋疲力尽，莫非这是上天有意的考验？当晚我与学僧们在受戒道场一起进餐。因已迟到而过了进餐时间，晚餐的菜肴竟是一碗将冷的豆腐汤！吃完一碗饭后再不见有人来添饭，我也只得按佛门规矩放下筷子悄悄退出。果然，一夜饥肠辘辘。我也跟着学僧们上了受戒的第一课。

次日晚上宣布封坛，即至受戒结束为止任何求戒者不得走出寺院门口！第三日上午进行资格审查。此次前来受戒的有国内几所佛学院学僧和寺庙的僧人约三百人，佛协的资格审查果然十分严格，头天刚一到达就把所有求戒者的身份证全部收走，次日发给每人一份表格，要将年龄、出生年月、出家寺庙等十余项内容默写出来，他们凭此与介绍信的内容进行对照，以防假冒。再由负责受戒的开堂和陪堂两位法师对每个求戒者进行逐一审查询问，条件不合者将被退回。

接下来几天是对起居饮食的规范训练。佛门对其教徒的要求可谓高矣！单是吃饭这一项就有许多规矩，开堂法师示范后让大家反复训练。先是列队进入斋堂后轻轻坐下，饭碗放中间，菜碗放左边，筷子放右边，不能放得太挤、太开或放斜。坐在那里等待，由专门人员过来盛饭添菜，吃饭及喝汤都不能发出声响。吃完第一碗后若需添饭须将饭碗轻推至桌前，待负责打饭的行堂师到来时拿筷子在碗里比划一下添饭的高度，严禁剩饭剩菜，整个就餐过程禁止聊天说话。

穿衣脱衣也有一套规范的程式：穿的方向，手的高度，如何扣衣，如何折叠等，反复指导了将近一个上午。而每天的训练时间更长达十六七个小时！记得受戒的头天晚上，我就计划好次日早些起来拍摄他们的早课。黑夜里，睡梦中忽听寺庙大殿方向传来隐隐约约的钟鼓声，我赶忙迷迷糊糊地起身，一看凌晨四时还不到，背起相机和三脚架跑了出来，只见大殿门口灯火通明，人头攒动，几百名求戒者已在排队进殿。那天的训练活动一直持续到晚上九时才结束，以后近一个月几乎天天如此。我全程跟随拍摄，累得直不起腰，一回到宿舍就扎在床上

受戒时单是叠衣的手势与规范方式就训练了将近半天

学僧们自发地捡集世俗游客丢弃的垃圾

不想动了。而据已受戒的僧人说，整个受戒过程下来，光是拜佛磕头就要达三千多次。

跟着学僧去放生

佛学院的办学经费并不宽裕，学僧们每个月只有学校发给的一百多元人民币的生活津贴费，一般没有其他的经济收入，所以他们平时十分节俭。记得那次受戒期间，他们因不能外出，托我给代买生活用品时，在需买清单上写着这样的要求：洗脸盆若干个，每只二元左右；拖鞋若干双，挑最便宜的买——但有时他们的出手却非常大方。

有一次我跟随佛学院去一处佛教圣地参学时，得知定顺法师他们几名学僧要去放生，我也带相机跟随前往。翻过海边的一座山后，看到走在前面的学僧围成一圈，我挤了进去，只见中间是两名身着藏族服装的中年妇女和一个小男孩，看到他们的模样有点憔悴，不知发生了什么事。懂藏语的学僧庄智法师

佛教倡导不求回报地布施与帮助他人，囊中不丰的学僧们资助素昧平生的落难者，出手之大方令人吃惊

给大家翻译后才得知，这两名妇女带着孩子是从数千里外的西藏前来这个佛教圣地朝拜，不巧至此钱已用尽，已有几天没饭吃，并且因语言不通，也回不了家。得知此情后学僧们当即每人从口袋里掏出钱来递过去，有的几十元，有的上百元，塞到两位妇女的手中。其中两位学僧怕她们还不够，第二次掏钱相赠，脸上写满了怜悯之情，我在一旁内心充溢着激动与温暖，记录了这一感人的时刻。最后庄智法师详细地告诉她们回藏的乘车方式，大家才挥手与她们告别。

为了省钱，大家沿着公路步行了几公里到了水产市场。偌大的市场里摆满了将要被宰杀食用的海鲜鱼类，大家分头行动，每人出资购买若干种鱼。有些叫不出名字的海生物价格十分昂贵，学僧们与摊主讨价还价许久。摊主大约觉得机会来了，奇货可居，就是不肯让多少价，最后他们只得高价买下，每人花费都在上百元甚至数百元。我真替他们心疼，劝他们少买些或买便宜点的鱼。他们笑着说，既然放生，理应对众生平等，不能因为多花钱就少买……看着学僧们在那边一五一十地付钱，联想起在佛学院时，听说恒华法师月工资八百多元，但每月都要因欠账而提前向学校预支。我好奇询问，恒华法师给我算了一笔账：每个学期他固定要寄五百元周济一位在读书的儿童；几个月前湖南临澧居士来电话说起当地有一位老太太因为四个儿子谁都不愿养她被赶到街上捡破烂，他得知后即寄去六百元；前些日子天台山上有一开小店的老年人摔断了腿，他拿出五百元，与其他出家人一起凑齐了两千元钱给送去……我问他为何对那些陌生人如此慷慨而弄得自己时常捉襟见肘，他说佛教提倡施舍，帮助那些需要帮助的人是佛门弟子的本分。

那天买好了放生鱼类，运到海边后大家赶快动手解开塑料

将平日省吃俭用积攒的钱买了海鲜，放归大自然

袋，看着那些被稻草绳紧紧捆缚着的螃蟹时，学僧历弘法师心疼得咝咝倒抽冷气，不忍目睹。他小心翼翼地一层层解开绳子，仿佛怕弄疼了它们。螃蟹终于舒展地踢蹬起来，历弘法师轻轻地把它们放在礁石上，慢慢地用手往海边推。不知是舍不得离开救它们的人，还是搞错了方向，螃蟹反而向历弘法师站的岸边爬。正在大家焦急的时候，一个海浪拍打着冲上了礁石，将蟹卷入了海中，隐约看到在水中它们的脚爪舞动了两下，随即没入了深深的大海……看着那些可怜的小生物摇摆着回到了属于它们的大自然中，学僧们不禁欢呼起来。那些在旁边围观的游人们起初在看热闹，后来也被这激动人心的场面所感染，好几个跑到海边一起加入了放生队伍。

　　放生结束后，学僧们将岩缝间、礁石上以前游人弃置的垃圾捡起来装进塑料袋中，有些饮料罐、塑料袋等已肮脏不堪，臭味难闻，学僧们全然不顾。满头大汗地清理了半天，分装成几大袋，一起从海边沿峭壁抬上，集中放置在垃圾回收处。游

欲知世上刀兵劫，但听
屠门夜半声，信不诬也。
　　　　——印光大师法语

人们最终没有参加这个活动,但从他们的神态中分明看得出几分惭愧。

中午,我们在一所寺院用餐。吃饭时我看见学僧定顺法师在饭桶边弯着腰捡什么,仔细一看,原来前面盛饭的人不小心落了些饭粒出来,定顺法师遂将这些掉在桶外地上的饭粒一一捡回,放到嘴里吃了!望着学僧们用餐后那些颗粒不剩、干干净净的饭碗菜碗,想起平时看到饭店里整桌吃不完倒掉的山珍海味,我感叹了许久。

又是一个清新的早晨,阳光透过佛学院的山林将树影恬静地洒在大殿外的红墙上,这是冬天难得的温暖无风的时光。我背上沉重的摄影器材来到课室里向大家道别,因为在这里已住得够久了,世俗杂事在催促着我返回。恒华法师一直送我到佛学院外的石级转弯处。挥手告别后,我久久地回首凝望着这个地方:阳光下那片浓黑的松林静静的,只有一些不知名的鸟儿的鸣叫声远远地传来,难以想象这空旷的山中会有一个使我心灵受到如此震撼的地方!我在心里默默地说:我还会再来!回头,我下了石级。中巴车在山道中盘旋飞舞着下得山来,带我回到了我生活的那个世界。

诵经修禅、早晚功课将陪伴佛门弟子一生

灵隐钟磬入梦来

　　人的一生，有时机缘之奇妙真是令人感慨：有时或许踏破铁鞋终无所获，有时却众缘聚合心想事成！大概是我历年来创作的佛门摄影作品获得佛教界的认可，2002年8月，正是杭州金桂飘香的季节，我接到来电，灵隐寺邀请我为其进行全方位的图片拍摄，以用于佛教文化宣传。对于各种商业邀拍基本都谢绝的我当即应承了下来，只因对这座位于杭州的佛教大丛林景仰已久，早就盼望有机会前往创作，此可谓天赐良缘！接到邀请数天后，我带着生活用品与沉重的摄影器材住进了灵隐寺，开始了自天台山之后又一段持续三年、如梦似幻的佛门岁月。

初入灵隐

　　过往的岁月中，记不清多少次听人说起灵隐寺了，千百年

始创于东晋时期的灵隐寺依山而建，千百年来以规模宏大闻名海内外

36

来，它的神奇传说令人向往。据史载，距今一千六百多年的东晋咸和年间，远自万里之遥的印度僧人慧理来到杭州武林山，见一峰耸秀，奇而叹曰：此乃天竺灵鹫山一小岭，不知何时飞来？佛在世时，多为仙灵所隐。遂于峰前建寺，即今灵隐寺。世代交替，沧海桑田，千百年来灵隐寺几经兴废，最盛时殿堂僧舍达一千三百多间，僧众三千余人，史称东南佛国。如今因其名扬海内外，每天游客达一万多人，国内外游客来寺观光者络绎不绝。

寺里将我安置在大悲楼住，我得以整日徜徉于寺内外。先前虽曾数次旅游到此，然而现在去看它心情却大为不同。浙江名寺众多而风格各异，天童寺古朴，国清寺清幽，灵隐寺则以宏大著称。其殿宇沿山势而建，天王殿、大雄宝殿、药师殿至

晨光初照，新的一天又将开始

藏经楼和华严殿，共有五进殿堂，最后的华严殿已位于半山腰，晨昏时古寺隐现于云霞之中，蔚为壮观。寺内设观音殿、济公殿、方丈楼、客堂、五百罗汉堂、图书馆等数十处殿堂机

梵国胜境

构。灵隐寺佛像雕刻精美，历代古迹众多，有多处中国之最，

种种历史传说又为它蒙上了一层神秘的面纱。

佛门以这种"挂牌"的形式，每年两次任命执事僧的职务

客堂是灵隐寺重要的管理机构

寺里的长序

寺里安排了一位不到二十岁的小沙弥明慧法师作我的助手。沙弥即已剃度未获受比丘戒的僧人。明慧法师活泼可爱而勤快，因拍摄必须得寺内各部门配合，故我在他的引荐下逐处前去拜谒熟悉。尽管曾于天台山佛学院有过三年的佛门拍摄经历，然而在熟悉的过程中我了解到，灵隐这座佛教禅宗大丛林自有另一套严格的规矩。

寺内现有正式僧侣一百五十余名，其中数十名担任有各种职务。汉传佛寺里大多称有职务的僧人为执事僧，灵隐寺最高的执事僧为住持，亦称方丈。以下分为东西两序：东序的执事负责日常寺务，依次以都监、监院、维那、副寺、僧值、知客、库头等为序；西序的执事主要是领众修行，依次以首座、西堂、后堂、堂主、书记为次第。以此东西两序分管寺内大小事务，保证着灵隐寺从佛法修为到日常事务的正常秩序。

拜访了监院法师后，我又在助手明慧法师陪同下前去客堂拜见诸位知客师。客堂，顾名思义仅是待客之所，实则不然，灵隐寺的日常相关工作、人事管理、对外接待安排皆归此处所管。按灵隐寺规矩，常规贵宾接待及陪同由知客法师完成，高层次的则由监院法师出面一起接待，以上皆由侧门入寺。但若逢海内外国家元首或极重要贵宾的到来，则大开灵隐寺正山门，由本寺的方丈亲自出面接待，当然这种规格的接待极为罕见。

几天内，我又分别前去拜见与我拍摄有关的部门：有专司僧侣戒律及言行举止的僧值法师，在规范庄严的场合拍摄须经其同意；有专司佛事仪礼的维那法师，法会仪礼安排皆由其统领；还有专司炊事之典座、负责仓库之库头、分管各殿堂之殿

大雄宝殿内，普渡众生的佛祖在俯视着芸芸众生

主及各种名目之执事等。其层次之多、职能之专、分工之细若非在本寺若干时日，委实难以记全。并且，寺内高层职事僧中有相当部分是高学历者：有不少法师是毕业于国内大学的本科生和硕士生，甚至还有留学国外的硕士。佛寺内别有洞天，然这些与红尘之中有何分别呢？看来只能有待于今后慢慢去感悟了。

灵隐寺入选吉尼斯世界纪录的五百罗汉像

我与方丈的缘分

在灵隐拍摄已有时日，因寺内客房不多，久住不便。从长远角度考虑，寺里将我作为特殊客人安排，将方丈楼前右侧房间腾出，专供我长久居住。这样，偌大的一座方丈楼就老方丈、照顾他饮食起居的两位侍者和我共四人居住。并且，寺里破例特许我这个未出家之人日常随方丈与侍者在小斋堂进餐真可谓是天大的缘分！从此我竟有缘与这位寻常人无法接近甚至难谋

九十多高龄的灵隐寺方丈

一面的灵隐寺方丈零距离接触，而且吃住与共三年！

方丈大和尚1913年5月出生于浙江省南部。据《杭州佛教》介绍，其少时"家境殷实，自幼聪颖，好学嗜文，1932年以优异的成绩考入厦门大学中文系。1936年他抱着对佛教的一片热忱，投身到温州江心寺皈依佛教"。老方丈面相慈祥，性情随和，虽已年逾九十，却思维清晰，耳目反应速度之快远超同龄人，精神状态颇佳。因其高龄，寺里寻常事务不干扰他，日常以休养身体为主。若有海内外国家元首等极为重要的贵宾莅临，才请他亲自出面接待。他同时兼任浙江另一所佛寺方丈之职。方丈性喜大自然，我曾陪他从北高峰山顶步行而下，曾陪他前往海宁登台观潮，曾陪他冒雨参加西泠印社百年庆典，寻常之时他皆谢绝他人扶持。2001年4月27日，杭州佛教界举行佛螺髻发舍利供奉法会，仪式盛大，万人空巷，方丈亲自

方丈亲自登台，为大众说法开示

方丈不顾年迈，亲自
前往参观我的灵隐寺
获奖作品

方丈学佛之暇以诗词
与书法遣怀自娱

方丈性喜大自然，以
年迈之身登台观潮

方丈与佛教信众在一起

方丈亲自主持高级别的佛教仪式

捧着沉重的金属质地佛螺髻发舍利塔，一步步前行送至台上，其精神毅力之佳令人难以置信。

方丈学佛之暇尤喜诗词与书法，造诣颇深，在佛教界素有"诗僧"之誉。因其早年厦门大学中文系的文学功底，加之多年的钻研与勤练，更有禅门造诣之辅佐，故其诗词书法独具意韵，品位卓然，寺内很多匾额题词均是他的手笔。日常亦勤研诗道，用功甚深。有一次亲见他用午斋时带诗书而来，与寺里负责文案的法师探讨某诗集中字意的研究结果，两人意见相契后，方丈十分高兴。这一幕令我感动，颇有圣人所赞"朝闻道，夕死可矣"之遗风。

古语曰"高僧只说家常话"，除了正式给寺里僧众开示说法以外，平日极少听闻方丈谈起深奥佛法，仅有很特殊的一次，我有幸听闻方丈论说佛法。那一次陪同我的一位老师去拜见方丈，老师在南方某省的政府工作，传统文化知识渊博，对

我与方丈有持续三年的深厚法缘

佛学亦有颇为深入的研究，故方丈与之相谈甚欢。交谈中，方丈突然问老师："你信不信佛？"我心想这真是一个难以回答的问题。若说信，会与其职务、身份不宜；若说不信，则对佛教似欠尊重且使现场难堪。然而老师机智而妥帖地回答说："我喜爱佛教，但因才疏学浅，有许多的佛法教义还无法理解！"方丈笑答："你们讲唯物，认为佛教是唯心，其实佛教既不是唯物，也不是唯心，而是非物非心二非论……"他们两位饱含智慧与禅机的对话让我体悟了许多时日，留下永难忘怀的印象。

方丈平时不喜他人为其拍照，也是与我的殊胜缘分，他不但同意我为其拍摄，而且会尽量配合我。平时他练字、晒太阳、户外活动时，我均为其留下难得的真实镜头。拍摄时方丈还会指点我拿如意时手势应该怎样，坐姿如何才能如法合规等，使我受益良多。2003年我的系列摄影作品《灵隐寺》荣获"休闲在杭州"全国摄影大赛特等奖，这是杭州有史以来规模最大、级别最高的摄影大赛，媒体广为报道，方丈在外地获悉，回寺后一起用餐时不但高兴地夸奖了我，正在感冒的他不顾当时天寒地冻，坚持要亲自去参观展览。那天下午，我陪着他老人家驱车前往西湖边的西湖博览会展览馆，他详细观摩了我的获奖作品及其他全部展品，并且在观赏时给予了深具禅机的点评开示。

　　岁月易逝，我离开灵隐寺已有数年，再也没有机会与他老人家朝夕相处。最后一次见到他是在2006年的世界佛教论坛期间，我有幸为他拍摄了步入会场大厅的珍贵镜头，他自始至终支撑着已明显虚弱的身体，亲自主持灵隐寺与台湾中台禅寺缔结同源禅寺的仪式，我受邀拍摄了整个过程，谁知这竟成了永诀！去年，在他圆寂的十几天后，有人告知我这一消息，他是在外地圆寂并火化的！获悉后我悲痛、后悔，还有说不清的惆怅。往事如烟，与方丈相处的日子犹在，却再也不能复现。但我为他身后的佛缘而欣慰，衷心祈祝他能乘愿再来。

寺中的法师

　　那三年在灵隐的岁月，夜晚我或在房内研读佛教典籍，以提高摄影创作时的悟性，或在偌大的寺院内一人散步沉思。有

在房间内打坐参禅，是一些法师每天夜里的必修功课

有些法师房间内设有简便佛堂，以供平日里随时磕头礼佛

时，仰望映衬着寺院飞檐剪影闪闪发光的满天星斗时，我会想，寺里的法师们此刻都在干什么呢？

尽管有三年与天台山佛学院僧侣相处的经历，我想灵隐寺是不会相同的，我总要去一探究竟！而寺里规定法师们夜里不准"串寮"，因出家僧众住的房间称作"寮房"，"串寮"即夜里不能去他人房里串门。我因非出家人，又有寺里为了方便我工作的特许，故那些年里在助手明慧法师引荐下得以陆续去一些法师房中走访。

夜里是法师们的自由支配时间，除每月十五及月底两次的诵戒以外，在不违背戒律精神与寺规的情况下，法师们都可按自己的兴趣与爱好安排活动。有的打球锻炼，有的打坐修禅，也有看电视或上网的。

我们去拜访了一位知客法师，房间内铺了塑胶地毯，十分洁净，我们需在门口换鞋才能进入。房内盆景及古木家具布置得甚为典雅，且有十分精致的茶具与古朴自然的根雕茶桌，看得出主人有相当的文化品位。法师毕业于中国佛学院，现在寺里专门负责对外接待，喜爱音乐。他边为我们用复杂的程序熟练地泡功夫茶，边请我们听音乐。他说每天的接待工作实在很累，晚上听点舒缓优雅的音乐时喝喝茶能放松一下。

后来，法师辞职离开了灵隐。半年后致电我，说去了川藏交界的一座藏传佛寺给一位活佛做助手。因需给活佛制作像章，他邀请我专门为活佛拍照片。几天后他果然陪着活佛专程从几千里外的西南飞来杭州，这是后话了。

我还去了一位在斋堂工作的法师房中拜访。房间内用垂地的布幔隔为两间，外面一间是床及生活用品。我轻轻地撩开布幔，赫然见墙上挂着一幅金灿灿的绣着佛像及佛教图案的巨大红布，以金银线及彩丝线绣得金碧辉煌。地下铺一块红毯，桌上供有佛像、香烛之类供品，俨若佛殿。法师说若无他事，夜里他皆盘腿坐于地毯读佛经，然后戴着手套，对着佛像在地毯上磕数十个长头礼。长头即那种五体投地的礼佛方式，因手易磨伤故需戴上专用手套。

有一位法师房间墙上贴满了写着毛笔字的纸张，大大小小各种字体琳琅满目，桌上堆着字帖，铺着的一块画毡斑斑点点。他热情地逐幅向我介绍用笔出处与心得，并说他练字已有多年，闲暇及夜里基本以写字自娱，不作它选。

在与法师们交往叙聊的过程中，我对佛门中人有了更深入的了解，他们也给予了我许多的教益。我向他们学习坐禅，请教佛法知识，了解他们的出家因缘等。我也与其中的一些法师结下了友谊，他们对世界的认识与人生理念深刻影响了我，有的使我一生难以忘怀，藏主法师便是其中一位。

藏主即寺内藏经楼的管理者，一般皆由学识渊博、德高望重的僧人担任此职。藏主法师据说是灵隐寺内最有学问的法师之一，一般法师尊称其为高僧，现年四十多岁，毕业于东北一所大学，其出家因缘颇具传奇色彩。法师身体一直不好，平日常裹一件羊皮袄，在高高的藏经楼回廊淡然地望着下面熙熙攘攘的观光客漫步思吟，甚少与人交往叙聊。唯独与我见面两次后，即觉我有甚好的学佛根器，愿意带我向佛。他甚至说，发现了我是他到灵隐寺最大的收获之一。他时常带我在晚饭后或闲暇时外出散步，边结合自然万物给我解说佛教的道理，边逐一分析解答我所提出的疑难问题。记得有一次，他吟诵苏轼的一首名诗"庐山烟雨浙江潮，未到千般恨不消，及至到来无一事，庐山烟雨浙江潮"，来为我解说其中蕴涵的佛教义理。他不断借书或送书与我，给我布置作业，要求每天读各种佛经几遍，背各种佛经几遍，要我按他的要求循序渐进地学佛法。并且吩咐下属寺内职工，破例允许我可不经请示，随时上下藏经楼这一即便本寺寻常法师也不易随便进出的重地。他不但准许我在藏经楼上拍摄，而且从佛法上给予我种种开示，并亲自为我做模特。我的系列摄影作品《灵隐寺》之八的《一领长衫任去留，哪知尘世有喧嚣》中的僧人身影，就是他反复在镜头前按要求为我行走而拍摄成功的。

　　藏主法师在我身上确实寄托了希望，花费了心血，然因我自感愚昧混沌，且每天定有拍摄任务，更因有家庭负担、社会责任及艺术人生的计划，还有各种繁杂的尘世诸事相累，以致无论作业完成情况、学佛进程、理解悟性均未能达到法师的要求，当然更没有遁入空门剃度出家！如是数次以后，法师说对我失去了信心。辜负了他的一番心血与期望，在以后的日子里我时常深感惭愧。

　　几年前我离开了灵隐寺，后来再也没有藏主法师的消息。上个月我去杭州另一所佛寺看望一位从川藏交界的藏传佛教传

藏主法师被尊称为高僧，平日深居于藏经楼高阁内，常人无缘见识

寺内僧人阅经悟道

教大本营回来的法师朋友,他给我展示他所拍的当地奇异的自然风光与法会盛况的照片时,竟见到藏主法师赫然在列!初时我以为自己看错,经法师解释才知,原来一年前藏主法师即已离开灵隐寺前往该处,现作为一名普通的僧人在那里修习密宗佛法!我对他的精神敬佩之余不禁担心他虚弱的身体,在那川藏雪域高原他能经得住吗?

感慨之余,我不禁想起,今年我因事又去了灵隐寺,见到过去天天相处的僧侣已有半数不见——共处了三年的老方丈已圆寂,当初与我交情很好的多位法师也已离开,我的助手小沙弥明慧法师也不在了。到客堂时,新来的法师双手合十:"施

灵隐寺是禅宗寺院，打坐参禅是僧侣们修行的法门之一

澄净世界涤心尘

54

半天朝霞一杵钟

主来自何方？”真所谓"铁打的寺庙流水的僧"！那些过去曾朝夕相处的法师们不知去往何方，或许今生也难以再见了。人事变迁，逝者如斯，回忆在灵隐的如烟岁月，犹疑是在梦里。

梵国春秋

以前不了解佛教时，每次到佛寺观光，总觉环境清幽宜人，做和尚悠闲舒服得很。很久以前我曾读过一首古诗，原句已记不得，其大意是：当官的人半夜三更起来要去上早朝，做生意的起早摸黑辛苦操心，哪比得上庙里的师父悠闲舒适，日上三竿了还熟睡未起。

的确，佛寺环境之美得天独厚，令人神往，就如灵隐，前临一峰耸秀的飞来峰，后靠林木锦被的北高峰，寺前一涧清泉缓缓流淌。春来百树吐绿，各色花卉竞相怒放；盛夏参天古木

僧侣们就餐也有一套严格教规要求

荫庇,到此顿觉心境明澈,凉爽无比;秋天山间寺中丹桂飘香,风来满地铺金;严冬腊梅竞放,暗香浮动,雪中古寺银装素裹,美不可言。清晨,太阳透过丛林初照古刹,晨光中香烟缭绕,依山五重殿堂云蒸霞蔚,疑似身在天宫;傍晚,漫天彩霞映着佛殿飞檐剪影,风铃轻响,晚钟隐隐,说不尽的神奇。僧侣们着黄披红,悠然穿行其中,怎不令人艳羡而喻之为人间仙境?

然而美则美矣,乐却未必,因那不是出家人生活的全部。若世俗艳羡之人了解了灵隐寺僧侣的一切,恐未必会作此感叹了。

每天凌晨约四点敲板声响起后,无论寒冬腊月还是酷暑炎炎,僧侣们必得起床穿袍搭衣,前往大殿上早课。由负责纪律的僧值法师查点,无故缺席轻则警告处分,重则除名。端立佛前诵经一两个小时,待早课结束后,列队往斋堂统一用早斋,称作"过早堂",食物统一分配,不得自行挑选。餐毕,依次列队离开斋堂,稍作休息,八点后各司其职,有殿堂值勤、客堂值班、经堂念佛、烧饭、采购等各种工作。午斋十点半及十一点半僧侣分两堂轮流用餐后继续工作,至下午近五时关山门后收拾完毕才休息吃饭。每天夜里七点半关闭寺院旁门后,再外出就必须请假说明事由了。

僧人们日常生活及作息时间如此规范，更有许多清规戒律须遵守。其中受过沙弥戒的僧人须遵守十戒，而受过比丘戒的僧人须遵戒律竟达二百五十条之多，其一切言行举止必须符合之，会有僧值法师时时监督。若有违反者，轻则遭呵斥责打，重者被逐出山门——当然如今很少有责打之事发生。

每月十五及月底之夜，无论职位高低，僧众必须整齐着法服列队前往专门殿堂诵戒。诵戒与受戒时的登坛仪式为汉传佛教中两种最为庄严神圣的仪式，除正式比丘僧外，包括已剃度未受戒的沙弥在内的任何外人不得在场，我至今都未能参与，不明究竟。据说诵戒是以戒本中的戒条对照每位比丘半个月来的言行进行批评与自我批评，但若不符，如何处置亦不得而知。

平日在灵隐时，经常见到有游客有意无意地问值班法师，你们和尚能不能讨老婆，能不能吃猪肉？这种时候法师大多是掉头离开或默然不答。与其他有些宗教派别随时随地主动宣传教义不同的是，佛教讲究只对有缘者弘法，宣传教义，称"随缘弘法"。再加佛教经典浩瀚博大，洋洋千万字译自梵语，常人无法通晓，故许多人因不懂佛法或看到个别表面现象以致对佛教产生偏见。因我居佛门多年，许多人也会以同样的问题问我，并说起看到某某地方小和尚太不像样，在某某寺庙被骗去多少钱之类的事情。每逢此，我只能如实相告：因佛教在国内是个非常大的宗教派别，佛教弟子人员众多，难免会有不同的人。或许你在佛门内偶尔能看到很不值得赞赏的人与事，但那不合佛法教义，更不代表佛教，并且是极少数；也有不少严格按佛法要求持戒十分严格令人感动景仰的僧人，只是后者常人难有机会接触罢了。

记得在灵隐时，助手明慧法师曾与我说起，寺里每半个月

問遍古未来使現在一尊微笑妈

集体念诵

都会到宿舍突击检查。前些天检查到一位法师房间有一件西装。因寺里规定出家人不得着在家人服饰，法师解释说是一位朋友寄存于此。而寺里态度是：留衣不留人，留人不留衣！最后将西装上交寺里，法师才算未被除名。而因违反戒律寺规被遣的僧人不单灵隐寺有，其他佛寺也时有所闻。

然而，令我始料未及的是，我的助手明慧法师最终竟也受到惩戒而离开了灵隐寺！明慧法师聪慧敏捷，敬师而勤快，我在灵隐寺时已教会了他基本摄影技巧，我离开后他已能独当一面了。后由他专门负责来访贵宾的摄影及资料留档工作。因为这工作的特殊与自由，再加上二十岁左右年轻人贪睡，也有上早课起不来的时候，僧值法师已多次警告过他，他却未引起足

在佛法戒规许可的范围内，平日里僧侣们可有一些高雅的娱乐活动

够重视并克服之。那天早课时又未起，过早堂时被发现并被传唤到堂。或许是少年气盛，他不但未认错，反而在众目睽睽之下顶撞了僧值法师几句，随即当场被勒令离开灵隐寺。

后来有一次，我在与一位法师聊天时问了一个思虑已久的问题："你觉得住在寺庙里好不好？"他答曰："放下的住在庙里好，没放下的住在庙里不好！"其回答简练明了又充满哲理，令我暗暗钦佩。这让我想起二十多年前去庐山东林寺时见到的一首诗，诗曰："红尘路更长，青山闲不了，试问往来人，谁识山中好？"我想，世界上应该没有完美无缺的地方，佛寺与都市也一样。居何处更好呢？只看你是放下了还是没放下，你心中是青山还是红尘罢了。

深山昨夜雪，满目清净身

　　春去秋来，岁岁年年，往来于杭州的人们总爱到灵隐寺走一趟，烧香祈愿或旅游观光，灵隐寺几乎成了东南佛国杭州的一个象征。入夜，在华灯齐放的西子湖上，若在合适的时间地点里凝神屏息，你会听到远处传来的隐隐晚钟声，人们大多仅会将此作为美好的诗情画意来欣赏赞美。然而这钟声带给我的却是全然不同的感受！因为，在那里我无数次迎来了黎明，又送走夕阳；在那里我的心灵受到过震撼，思考过，感悟过；在那里我经历过生与死的洗礼；那里有一个个我熟悉的灵魂；那里留下了我神奇的人生阅历与难以言表的回忆。因此，这钟声让我有一份特殊的感动——因为我曾枕着它度过了三年如梦似幻的梵门岁月。

秋到古寺满地金

梵刹清幽，暗香浮动

苦行僧

引子

在当今这个幸福的时代,人们的享乐方式真可谓多种多样——今朝去观看名车美女,明天去品尝生猛海鲜,再甩千儿八百元钱买张票去一睹明星风采;甲说去年购置的豪宅已增值至七位数,乙吹他的奔驰车感觉就是舒服!据报载,还有三十几万元一桌的山珍海味、数万元一夜的卡拉OK包厢、活吃猴脑、油炸蝎子……滚滚红尘,真是光怪陆离!其实也不怪,先哲说追求享乐舒适原是人的本性。然而,若告诉你在人迹罕至的深山老林里有这样一些人:他们有着高深的文化修养,他们有着远高于常人的情操雅韵,且通晓哲学、历史、天文、地理乃至现代科技。然而他们为了实现自己的人生目标,自愿抛弃世俗的一切享乐,却置身于寂寥的荒山茅蓬,与野兽为伍、食草根度日以磨练身心,你能信么?

这听起来仿佛是另一个世界或是遥远的神话故事。

然而它确实发生在现今这个世界里!

寻隐者不遇

跟随着佛门法师和一位居士,我登上了开往苍姥山绝顶的中巴,去探寻这个时代的另类人生。

位于中国东南沿海的苍姥山顶峰终年云遮雾罩,李太白当年游历这一带时曾叹曰:"半壁见海日,空中闻天鸡。"由于地僻山远,历代少有俗客问津,这里几与尘世隔绝,故佛教自印度传入后至隋、唐两朝即有高人佛徒在此修炼。我与佛

一切有为法,如梦幻泡影,如露亦如电,应作如是观。
——《金刚经》

门结缘多年，一个偶然的机会听知山顶至今仍有结茅苦修之人！乍听之下难以置信，后经多方探听才知当世真有此等之事。其中尤以一位名叫彻如的出家人身世及修为最为感人，不禁令我心生敬佩。我自十二岁学艺至今，度过数十年寒窗生涯，对意志坚强的精神追求者极为敬佩，故渴望与其相见之情油然而生。但我被告知，他们为清心静性修法，多谢绝与世俗之人交往，甚难接触。数月间这一愿望一直萦绕脑海。后经多方设法及诚恳请求，终得与彻如法师有一面之交的佛门中人引领着上得山来。

至山顶时小雨淅沥，山上寒冷刺骨，在漫天迷雾中，我们沿着一条依稀可辨的一面是峭壁的羊肠小道循石级而行。周遭白茫茫的一片雨雾，几步之外即已不见人影，哪有人烟！山风过处，林涛阵阵，仿佛到了另一个世界，心想竟有人能在此度日，隐隐有些惊骇。雨中急行了约二十分钟，前方峰顶漫天浓雾卷过的一刹那，隐约可见茅蓬尖顶的影子。近前，见森森的古杉林前有一茅草小屋，墙以泥土筑成，孤寂地兀立于风雨

深山绝顶上，中国佛教苦行僧栖身修炼的风雨茅蓬

欲求寂静、无为、安乐，当离愦闹，独处闲居。静处之人，帝释诸天所共敬重。

——《佛遗教经》

中国佛教隐修僧人彻如法师

中。屋边种了些青菜豆类，周围用木柴围起一个院子，院子中垒着一高高的石堆，周围泥地上有一个很规则的圆圈内寸草不生，同行的法师说这是彻如法师每天做功课后绕石留下的足迹。柴门上生锈的铁锁把关，上写着"拒绝访客"几个字，屋门紧闭，静寂无声。我们不敢造次，在参天古柏黝黑的树荫下避雨等候着。冷雨不停地打在脸上，已冰凉麻木，鼻腔中充斥着一种从未闻过的草叶气味，使人有恍若隔世之感——此刻一种奇异的寒意袭来，不由得使我全身打了个冷战。等了许久不见屋内有任何动静，无奈之下，我们隔着柴门轻轻喊了几声，无人应答，居士说怕他正在打坐，不要再喊。转过一片古杉林，见山岙斜坡上有参差错落的几座茅蓬，正遇一位也住在这里的出家人，经打听才知，彻如法师之前一天早上约了另一住茅蓬的出家人外出行脚未回。

寻隐者不遇。

看来这次是无缘谋面了！往回走的路上我惆怅地想着。

彻如法师和他的"家"

远离凡尘的人生

当夜我们宿于山上的寺院，次日，正当我们欲绝望地下山时，意外地遇到也是住在茅蓬的年轻法师照恩，聊天后才知前天彻如法师正是同他一起出去行脚的，此时已回。真可谓时来运转！于是我们跟着他第二次来到了茅蓬。

站在我面前的彻如法师看上去三十多岁，中等个子，面目清癯，一头长发披肩，身上穿着一件破旧不堪的土布大襟服，给人以坦诚爽快的印象，很难将他与僧人联系起来，从他身上分明感受得到生活的磨难。因是佛门道友介绍，感动于我专程远道而来的诚心，几经周折，他终于接纳了我，遂有了后来数天与他相处的日子。

茅蓬内简陋至极。进去是高低不平且潮湿的泥地，里面散落地放置炊事用具，墙角堆着些干巴的萝卜、土豆、土瓜及一个腌萝卜的陶罐，这里是日常烧饭间；右边一间地上铺着粗糙的木板，周围以三合板作墙，墙边一排木架子上整齐地竖置着

隐修僧人物质生活艰苦至极，有时仅以几个芋头充饥

茅蓬区内其他的佛教隐修僧人

佛学经典及汉语方面的书籍，地板上铺着床垫，上面是一条黝黑的薄被。床边棕垫上团着一件僧人的棉大衣，想来是打坐时用的，这间就是彻如法师日常的生活空间。引人注目的是墙角挂着一团灰黑色像衣服一样的东西，上面层层叠叠地补着大大小小各种各样颜色的布，有的崭新，有的已破烂不堪，内层布上还有一摊暗红色的血迹。彻如法师说这件是百衲衣，是师祖圆寂前留给他的，那摊血迹是他行脚时留下的。平时他都穿这件，前天因行脚时打得湿透了晒在这里。

接下去的时间里我们逐渐谈得融洽而深入。我初步了解到了他的身世：他出生于江西一个小康家庭，先前做基建业务，经济收入不错。他遁入佛门不但突然，而且彻底坚决，四年前起在江西一所寺院出家，但父母至今还不知！出家不久他即离开寺院，走上了行脚僧这条佛门最艰难的修道之路，世称"苦行僧"。从江西开始四处漂泊，餐风露宿，一年前他来到了苍姥山，想在山上结茅却没钱，现在他住的茅蓬是山下万愿寺一位法师借他住的……

我问起一个久已想知的问题：你为何要放弃正常人的生活而住到这孤寂的深山绝顶的茅蓬中？靠什么维生？彻如法师说出家后在寺庙修习发现心难静下，因为游客太多，喧闹不堪。所以他一边云游四方，一边发愿要找一个能潜心修炼读经的地方。茅蓬区闲人少至，能清心养性，修为环境好，最合他意。至于到苍姥山是因为他一直仰慕佛教高僧虚云老和尚的德行，虚云大师年轻时在这一带深山结茅隐修，现今他如愿地在大师足迹所及处修行。至于生活上，当年出家时将一切财产都抛弃了，钱都捐出去了，出家人吃八方饭，有时候还会有些居士发善心"供养"一点，"吃八方饭"这句话含意十分模糊，但他不愿多讲。

菩提本无树，明镜亦非台，本来无一物，何处惹尘埃？
——六祖慧能大师法语

68

每天数小时的打坐以期去除杂念、明心见性，是与研读佛经相结合的一种修炼法门

每天进餐前严格按戒律举行佛教的供养仪式

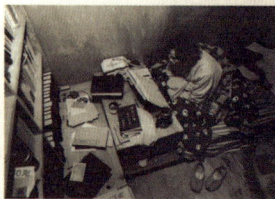
研读佛教经典是彻如法师每天主要的功课

无论到了什么地方，打坐修禅是彻如法师每天必做的功课

最后我问了一个让他难堪又不得不提的问题：父母至今都不知道你的死活，或许这几年他们天天在倚门而望，你是否应该以某种合适的方式通知他们，或回去一趟使他们能安心？就像佛祖释迦牟尼也能在他父亲去世时回家抚棺送葬，此乃人子应尽之道。再说父母的养老及送终之事你又如何计划呢？我这问题确实让他难堪，他沉默了一会黯然地说，他不是没想过或不想通知，但"人皆父母生养，孰能无情"？他怕一接触一见面会乱了心，动摇修禅意志，他目前还没达到那种不为外物所动的境界。至于养老送终则顾虑不多，他未出家时父母就在与表兄谈，要将表兄过继过来，他相信现在表兄早就过来了，一切他会操持的。

中午，彻如法师煮了一锅芋艿招待我，他说，除了出外行脚，体力消耗太大要多吃点东西，他日常一直恪守着佛教"过午不食"的传统，是不吃晚饭的，有时上午咬几根黄精（一种山上生长的能食用的植物根部）打发。我饶有兴致地在墙角篮子里拿了一根尝。彻如法师劝我第一次不能多吃，否则胃会受不了，果然，第二天早上我就拉肚子了。

交谈接触中，能感觉得到彻如法师的博学，他的文化底蕴高于常人，远至中国传统的儒家哲学，近至当代的高新科技，他均有自己精妙的见地，并且能根据佛经的道理对世间万物做出独到的解释。我乘机就一些疑难问题求教于他：怎样理解佛家常说的"随缘"二字？因为按照常人的理解，随缘即人的命运一切都是先天已定，人的主观努力是不可能改变命运的。那么我若在山中遇到一只老虎要吃我，要不要躲避或逃跑？若我命中注定要被吃掉，跑有何益？若我命中注定不会被吃，又何必要跑？彻如法师说这种理解是错误的，"随缘"是针对着破"执着"的，你却把它挂钩到"定数"上去了。因

70

为要成就任何一件事需要方方面面各种机缘聚合而成，也即所谓"客观条件"的具备。"执着"指的是机缘未聚而强求或硬做，所以"随缘"是指当机缘聚合条件成熟时，你可去努力做，反之你可等待或观望，不要做无谓的努力。至于"定数"，佛教上确实有"因缘果报"理论的，但定数非不变的，它既受主观愿望的影响，叫"愿力"，也受现时所做的善恶言行的影响，还有其他一些方面的变更，都会局部甚至很大程度上改变原来的定数命运。

他继续说，还有一个很重要的方面是人的主观努力也是不可缺少的一种"缘"。比如你现在搞摄影，如果你不知道适不适合你本身时，你可努力试几次，如都失败，就不必再试了；但若你经过反复分析觉得这方面最适合你时，你就应当十次、

这是一种称作"黄精"的高山植物根茎，当没其他食物时彻如法师以此来维持生命

僧人食素，彻如法师与其他茅蓬法师所食多为周围自种的一些蔬菜瓜果

百次地去努力。所以当你真的遇到一只老虎要吃你时，你就要赶快躲避或逃跑，若不躲避就是愚痴！

在谈到如何看待世上万物时，彻如法师随手拣起一块手指头大的石子说，这么小的一块石子你看不出有何名堂，但它里面有着一个完整的世界，所谓"一叶一世界"。若你把这小石子放大到对面这座山这么大，那么它的内容就像山这么丰富；反过来若将一座山缩小到石子这么大，那它也就像这颗石子一样平凡无奇了。

彻如法师在茅蓬的日常功课是打坐和读经。正聊着，他说已到打坐时间了。他看出了我的心思，说你若是想试就一起进来吧！我当然喜不自禁。进去后他让我坐棕蒲团上，他自己在床上打坐，边示范边告诉我要领。他说每天都要打坐几次，时间长短不定，以感觉到了为准，之后研读《华严经》。打坐能治精神散乱，能疏通经络，久了能增进智慧，还有佛教义理上其他的许多妙处……

当天很迟了我才恋恋不舍地离开，因为按佛门规矩，在家人是不能住在出家人茅蓬里的，照恩法师一路护送我到数里外的山顶寺院去住。彻如法师吩咐我要小心，因为这条小路好几段是悬崖，而且这一带野猪和其他兽类经常出没，尤其下雪天时，野猪会把茅蓬周围种的瓜菜全啃完。不久前，白天他正在山路上散步，忽然看到不远处一条毒蛇昂起头向他吐信子。他的话使我想起下午我们在茅蓬边山坡上聊天时，有只野兽迅速地从我们前方不远处闪过，被告知此兽称"麂"。于是我们把两座茅蓬内大小三盏手电筒都搜罗过来，生怕半路上忽然电筒坏了或电用光。

艰难的行脚生活

彻如法师那天的外出行脚对我来说一直是个谜，第二天上午我问起这事，他淡淡地说只是出去走了一天。还是同去的照恩法师捧起一瘸一拐还肿着的脚，一边详细地向我说起了前天那可怕的经历：

"……那天早晨山中下雨后起了大雾，彻如法师忽然说要出去走一下。平时他都是一个人出去的，那天我也想同去体验一下。我俩当即将钵藏在怀中就出发了，专择无人的山路走。晚上回来后，一算吓一跳——那天竟走了一百多里路！从山上下去，翻过几座山头，走了不知多少路，到了一个陌生的地方，向当地农民一打听，才发现已到了邻县。彻如法师走得实在是太快了，我在少林寺出家时还学过拳，自己觉得体质也蛮不错，但根本跟不上，彻如法师只得不时停下来等我。那天我俩都穿着百衲衣，手持木拐，彻如法师披着长发，走起来像是一阵风。走过一些村庄时，孩子们追着我们喊，一家螺丝厂全厂工人停工跑出来看我们，在田里干活的农民都停下来发愣。"

"至于托钵乞食，至今想起来都难为情——就像乞丐那样挨家要饭，我这辈子还是第一次！那天上午我们急行后，肚子都饿了，就到一个村子里去乞食。我实在放不下面子，畏畏缩缩地从怀中取出钵来，跟在彻如法师后面敲开人家的门。多数人家开门一看见我们就呼地把门关了，再也不开。后来有一户人家还算好，说还没烧中饭，拿出几个钱给我们，我们没接，因为按照佛陀所制定的戒律，托钵时是不能接钱的，他又给了我们些米，还是没法吃，只得谢了他饿着肚子继续走。我们又到了另一个村子去乞食，一样什么都没乞到。"

"但我们再不吃点挺不下去啊！我们也不应拿钱买吃。为

心无厌足，惟得多求，增长罪恶。菩萨不尔，常念知足，安贫守道，惟慧是业。
——《八大人觉经》

长期的修炼生涯使彻如法师的气质装束与世俗截然不同，格外引人注目

佛法是一面镜子，可以照明人生的心境；佛法是一盏明灯，可以指引人生前进的方向；佛法是一条大船，把我们从生死的此岸带到涅槃的彼岸。
——净慧大师法语

了照顾我，彻如法师说到邻近的村子里再看看。他运气好，第一家就乞到了一钵饭，还有一只大番薯，我还是什么都没有，但我不能吃他的，我得自己干。这些村里狗特多，追着要咬，我们出家人不能打狗，"照恩法师边说边比划给我看，"我就这样把木拐拄在屁股后面晃悠着，狗不敢追！直至乞完了七家都不成，没办法，最后还是吃了彻如法师的番薯。"我插嘴说这是为什么。照恩法师说："佛教对托钵乞食有'过七不食'的规矩，若乞了七家还未讨到，就不准再乞。后来在路上实在饿，路边种着些萝卜什么的，彻如法师说绝对不准吃，那天就这样靠啃了一只生番薯充饥！"

"傍晚往回走的路上我实在是不行了，脚底中午已经起泡，刚才破了一个，踩在地上就痛，只能一拐一拐踮着走。我要坐车，彻如法师说不应该的，就这样在黑夜里一直走。到了山脚一问，回我们山顶茅蓬还有三十多里路！望着漆黑的山，我心里发毛，但也只能一步一步摸黑上山。我的腿不行了，走一段路就要蹲下用力把脚扳着弯起来反复几次。脚和脑子都麻木得没感觉了，只知道木木地一直往前走。深夜到山上寺院时连一两斤重的布包都背不动了，只得把包留在寺里，借了个手电回到了茅蓬，赶紧下了碗方便面吃，第二天才缓过气来！"

彻如法师笑笑说："这样的行脚平时我经常走的。有一次黄昏回山时天已快黑，在一个荒僻山路上与一个疯子碰上。他从对面过来，我一直低着头只顾自己走，到面前抬起头打了个照面，我穿着百衲衣披着头发，黄昏时模样可能很怕人，竟把那疯子吓得哇哇直叫。"

"出去行脚什么事都有可能碰上，至今我的腰天气不好时都会疼，那也是行脚留下的。那天黑夜里，在一个陌生的地方我沿着马路一直往前走，脑子什么都没想，走得很快，忽然感

无论何时何地，彻如法师自觉保持着佛教戒律规定的僧人形象和威仪

虔诚的彻如法师

觉被什么东西压了一下，整个人一下子扑倒在地。半晌，等我回过神坐起身来慢慢转过头往后面看，只见一辆摩托车倒在我后面，远处还躺着一个人，动也不动，边上一大摊血，原来我被车撞了！平时我行走时都小心，一直靠路边走，不知这个人怎么会撞到我。看着那个人还是躺在那不动，我第一个念头是，赶快要报警救人。这时一些过路人围了上来，我求他们赶紧报警。最后来了人把他扶起送往了医院，也要送我去医院。我当时还觉得不很痛，就自己爬起来慢慢地往前走。到后来不对了，腰开始肿了……从那以后，我出去再也不走马路，在某些荒僻的地方被轧死了真的都没人知道。"

我终于忍不住问道："你这样冒着生命危险苦行到底是为了什么？难道佛教修行一定要如此吗？"彻如法师说："行脚就是为了磨炼身心，去除习气，是一定要吃点苦的。因为一般人有贪、嗔、痴、慢等不好的习气，佛教的修炼目的就是要把它们摒除掉。但这种习气与生俱来，很顽固，不下大力气很难除。比如挨家挨户地托钵乞食，被人关在门外和遭受白眼，穿

苦行者与世俗中人

着像讨饭人，夜里宿在人家屋檐下面，与猪狗相伴，人连最后这点面子和自尊心都没有了，长久这样能磨去傲慢习气；行脚时要走得急、走得快，辛苦疲劳到极点，这样能去除贪图享乐习气；读佛经明理，能去除愚痴。当然佛教修行有八万四千法门，并不是学佛的人个个一定要苦，也不是只有这样苦才能修炼成，主要应根据自身的特点选择，我觉得行脚正好能对治我自身的毛病，所以一直这样修炼着。"

"行脚时不光为修身，同时应给众生一个好印象，要有我们出家人的威仪形象，因为我们的举止言行都代表着佛法。一般出家人都削发，我所以留着长发，一是仰慕当年虚云老和尚的披发修行，更主要是这头长发非常引人注目，一出去人家就会盯着我看，等于时时监督提醒我注意言行要如法。前天照恩法师跟我走得没力气了，我几次提醒他在人前不能缩着脖子弯着腰，这样就会给人一种印象,觉得出家人怎么这个模样？要挺起胸膛拿出威仪！出去乞食时都应按戒律搭上七衣，人家回绝或骂你不应动怒，乞食不到更不能生二心，说明缘分未到，也应感恩致谢，因为这是考验你道心的机会。走累了若坐车就达不到目的了，记得有一次我出去行脚，接连有两天没有乞到东西，没力气到实在站不住，记得最后是爬着到了一个村子的。"

"后来有机会我看了一部佛教纪实录像。其一是"闭关"，即一些有相当修为的佛教僧人为了最后的悟道，断绝尘世的一切干扰，将自己封闭在与世隔绝的房间或空间内竟长达数年乃至十数年；其二是佛门智诚法师为抄写一部几十万字的《华严经》血经，每天割舌滴血两杯，持续三年，所用血量为身体总血量的十倍，经成时已失去了语言功能！这些为达到至高无上的精神境界，实现自己终生追求理想之人，期间所付出的艰难岂是常人所能想象的！"

旅途中的彻如法师

孟子曰："天将降大任与斯人也，必先苦其心志，劳其筋骨，饿其体肤。"勾践卧薪尝胆以成霸业，苏秦悬梁刺股而达宏愿，司马迁遭宫刑竟成《史记》！这一页页彪炳的青史后面，蕴含着多少个体的血泪、屈辱、残酷啊！人们啊，当你为自己虚度一生、一事无成而抱怨生不逢时、条件欠缺时，你是否想过自己本身缺少了点什么？

明天，他们将去往何方

与彻如法师相处已经数天，我实在不忍心打扰他日常有规律的功课和修持。临走时我用纸包了几百元钱塞给他以补日用。他断然退还给了我，他说人来了就给钱这样太俗气了，容易把出家人给惯坏的！我担忧地问他今后怎么办，因为我了解到借给他茅蓬住的法师因为地方上的变故，不久就要回来住了。彻如法师说一切随缘吧！我问他现在天气已很冷了，万一那位法师回来住，这个冬天你总要有一个落脚之处吧？他说搬走也是好事，原因是他觉得在这里住惯了，平时住茅蓬的六七

红尘世界中舒适享乐的人们与行脚走过城市的苦行者彻如法师

个出家人串串门、聊聊天，已有些留恋的感情了，这很危险，是出家清修之人不应有之情，不应有如此牵挂。经常这样串门太热闹，静不下心来修禅，刚好乘这个机缘离开。我问他会去哪里，他说到山上后一直有个愿望，就是在当年虚云大师结茅隐修遗址搭造一个禅堂，绘制大师的纪念画像，让仰慕他的出家人有一个拜谒的地方，他自己在附近搭个简易茅蓬继续修持。但一是没有这么一笔钱，再是那块地是属于山上林业部门的，万一建好了人家给拆掉就麻烦。

我自告奋勇地说可以通过熟人关系帮他通融一下。他坚决阻止了，说攀缘托关系搞成的事情不好，出家人讲的是缘，他准备过些天自己去找他们说，成了最好，若不成那也是缘分未到，不强求。不成的话他打算去住山洞——他前段时间外出行脚时翻过前面一座高山，从一个很陡的悬崖边钻进谷底后，意外地发现在很茂密的树丛后面有一个小山洞，离谷底一人多高，攀着岩能上去，洞不大不深，一个人能打坐，斜着能躺下，那里绝对没人打扰，最适合修禅用功，他打算在那过冬。

我不由得暗暗惊呼。因为我听山上寺里的一位法师说过，那一带山谷白天都看得见成群的野猪，况且谷底山洞终年阴湿不见阳光，这苍姥山顶冬天最冷时温度能达到零下十几度，有长达一两个月的冰封期，血肉之躯能忍受得了么？再说山林防火不准烧饭，又如何果腹？彻如法师说他已买下了几十斤黄精晒干，到时候每隔四五天到山上的寺院里打些冷饭，这样便可充饥度日……

傍晚时分我满怀着惆怅离开了茅蓬。人和人之间的差别实在是太大了：有人住了宽敞的房子还想购豪华别墅，吃尽了山珍海味还想尝国家保护动物，整日搓麻豪饮醉生梦死。凭着彻如法师的聪明才智和文化修养，过上世俗的舒适甚至奢侈生活

爱欲莫甚于色，色之为欲，其大无外。
——《佛说四十二章经》

79

作者与彻如法师

当非难事,然而他却选择了这样一条追求精神境界和理想实现的"恐怖"之路。

彻如法师作为三十多岁正当青壮年的男人,不但根本不可能近女色,连偶尔的起心动念,对严于律己的他来说都是一种罪过。并且为完善自己的人格,竟将自身置于人类生存最基本的果腹都不能保证,只能靠食树根赖以度日的境地。我想不管他今后的修为如何,他的这种精神和追求已经赋予了他今世的生命以非凡的意义。这种精神是那些胸无大志、低俗无聊之人,那些只知追求名车、豪宅、美食,把一辈子钻钱眼竟说成是事业的人,那些只顾自身物质享受实际上却只是在消耗着社会生活资料的人们所能理解的么?

山中又下起了小雨。我停下脚步回望着刚才那去处,顷刻间雨雾将茅蓬隐没。初看好像还有点影子,再定睛看时已杳无踪迹,漫山遍野只有一片白茫茫的雨雾,仿佛那茅蓬根本不存在,也仿佛根本没有过彻如法师这样一个人。

我兀自在那惊疑!

明天,他们将去往何方?

影像中国佛学文化

正在荒山小径中苦行的彻如法师，前方等待着他的会是什么呢？

圆寂

早晨七点我的手机响起，寺里的小沙弥明慧法师电话里说：慈明法师昨晚走了。

我听罢全身有种电流通过般的感觉——他竟如此轻易地离开了这个世界？

等我带着相机赶到位于灵隐寺念佛堂上院二楼的慈明法师寮房时，房内及阴暗的走道里已聚有不少本寺的法师与职工，大家低声地议论着。房内老法师仰卧木床，双目微闭，神色如昨，身上盖有一层黄灿灿的佛门陀罗尼被。

多年来法师身体一直很好，因他已八十多高龄，寺里几年前就让他不必上早课了，并配专人照顾他。然而他每天必早起，都是自己打开水，到斋堂取食，照顾他的人也没在意。那天清晨直到六点也没见他开门，隔壁法师不放心，来敲门没开，最后从阳台的窗子外看进去，见他已走了。

我端着相机站在老法师的床前默然无言。心里被从未有过又说不明道不清的异样感压迫着，一阵阵的懊悔掠过心头。不久前来看望法师时，他让我有空时给他拍张照片，以后走的时候可用。当时答应他后总想找个合适的时机给他拍，奈何繁杂诸事相扰竟拖到如今。想不到他就这样走了，而今阴阳永隔，再也无法给他拍摄生容了。

他竟是这样就走了。

老法师俗姓于，名康成，山西大同人，二十六岁时削发出家，其后几经辗转来到浙江，据传最后成为弘一法师的弟子。

黄叶飘零的季节，灵隐寺又一位法师离开了这个世界

世人忌讳的"死"字，法师早已挂在床头，其中的深层意义是什么呢？

曾任杭州一所佛寺的方丈，后来因时代原因而还俗，其后再度出家，二十多年前进灵隐寺常住至今，是寺里极少几位年长的法师之一。

进门时我即被床头墙上贴着的一张纸所吸引，纸上写着一个巨大的"死"字，上方竖行两句话是"念死治死，以幻治幻"，左边两行字是"《法句经惟念品集句》我人难预知死亡何时来临"，右边一句是"过一日则死亡亦接近一日"，右下方落款"近死沙弥日思"。全幅以毛笔正楷所书，没有日期。看这古拙苍劲的字迹，应是老法师本人手笔，法师没留下遗嘱或书信，我想这应是他的遗言了。然而不得而知的是：世人都忌讳提起的"死"字，法师却挂墙头天天观看，这是他透悟人生，对生死的一种豁达？还是他因预知自己的死期将近产生了常人所有的惶恐留恋，故以佛法来警醒自己，以每天见"死"字来减少对死的恐惧？还是他人难以知晓的一种生死之悟？

对于死亡，佛教与世俗中人有着完全不同的看法，佛门中称僧人去世为"圆寂"。《佛学大辞典》解释为："圆满诸德寂灭诸恶之义也。即离生死之苦、全静妙之乐、穷极之果德也。"因此佛门中不认为死是恐惧毁灭之事，千百年来流传着高僧安详面死、预知时从容安排后事的佳话，而慈明法师也让我看到了完全异于常人的生死态度。

寺里指定由总管斋堂的七十多岁的典座法师主持丧仪。法师居灵隐寺已十数年，精通佛门戒律与丧葬仪礼，据说经他手已送走不少同道中人，与慈明法师亦是多年同门相知。他脸色静穆地安排吩咐着众人，看不到伤悲或其他任何表情。在场法师与本寺职工也默默有序地按要求操作着，全然没有平常家庭丧仪上悲嚎痛哭的景象，这是常人所无法想象的，我站在旁边目睹此景，想起佛家对圆寂的解释，我想这应是佛教对待死亡

84

与世人有根本差异的表现吧？然而他们心里又是怎样想的？

　　灵堂就设在法师房内。在布置过程中有人欲将半靠枕头上的慈明法师遗体挪动移放平整，立即遭到典座法师的制止，被告知，不到第二天谁都不能去挪动遗体！最后为方便丧仪祭拜，众人协力轻轻地将整张床移到适宜位置，避免了遗体挪位。我在旁边纳闷，不知这是为何。随后进来五六位法师，身着七衣，分持木鱼、引磬等佛门法器在床周边围圈坐定。外面一圈为老法师生前相熟的穿黑色居士服的居士，或跪或坐着。安排已定，领头法师悠长的唱诵后，法器齐响，众人齐声开念

八十多岁的慈明法师默默地走完了他的人生之路

寺里的老法师以佛门特有的方式为同道好友守灵送别

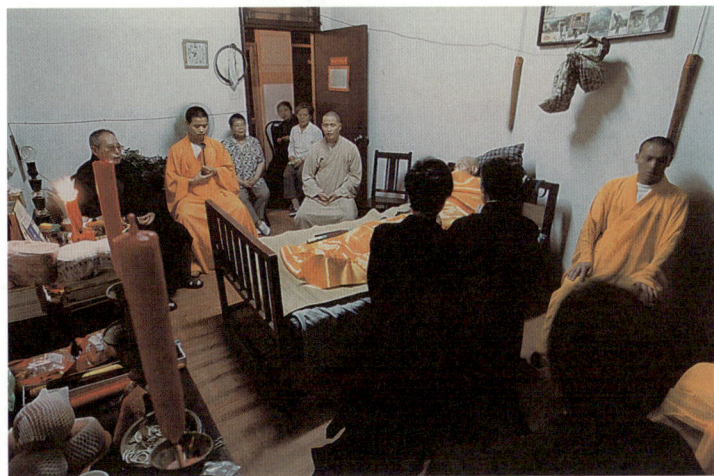

法师和居士昼夜轮班诵念佛号，为慈明法师亡灵助念

在家人与出家人对生死有完全不同的见解

"南无阿弥陀佛"佛号。霎时悠扬而低沉的梵音飘向空中，整座楼充溢在一种摄人心魄的肃穆氛围中。

第一次见识佛门丧仪的我心灵被强烈地震撼。我蹑手蹑脚、惴惴不安地将整个过程与仪式拍摄后退出房间。所见的一切使我迷茫，有着诸多的不解。下楼后求教相熟的法师，并阅读了相关佛典经论后明白：按照佛教对六道轮回的解释，这世界上部分人通过自己刻苦的修行，脱离轮回后往生西方极乐世界或其他乐土，其余人将按照生前的不同善恶业力分别投胎到天道、人道、修罗道、畜生道、饿鬼道、地狱道等六道之中。

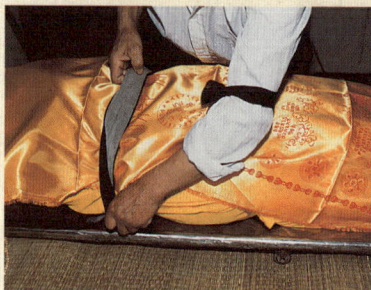

按佛家的方式守灵助念后，按现实　送别
世界的规则，遗体送殡仪馆火化

从此咫尺天涯，慈明法师离开了他生活了几十年的"家"

前三者称"三善道"，后三者称"三恶道"。大善大恶之人立刻投胎转世，一般善恶之人分别不同程度先后投胎，这期间有的需长达四十九天，故民间祭亡灵皆以此日期为限。佛教典籍《中阴闻教得度》对此有详细载录，其大意是人在断气后投胎前这段时间称为"中阴身"，可理解为生命转到下一世的"过境室"，一直到与未来的父母亲产生业缘投胎为止。这阶段亡者灵魂处于混沌迷茫中，踌躇不辨东西，此刻亲友哭泣或挪动遗体将使其受到扰乱，迷失方向，痛苦万分，即使有好的因缘也难顺利转世。再者，亡者投胎何道虽主要由其生前不同的善恶因缘业力决定，但人在中阴身时若能得到亲友的帮助，将对往生或转世起极大的作用，佛教称此为"助缘"。故佛法提倡亲友应设法使亡者宽慰安详地离开，并在断气前后不间断持诵"南无阿弥陀佛"佛号，这将有助于亡者往生极乐世界或顺利投胎转世善道。

当天夜里，慈明法师灵堂的佛号念诵声、法器声一直隐隐传来，凄清之感弥漫了整个寺院。我循着声音又前往灵堂。寺

佛教为它的弟子送别的场景

在现代的殡仪馆，按佛教传统规范的仪式祭念送别

佛家特有的祭品

里安排了几拨法师昼夜轮班为慈明法师守灵助念。我看见房内来了几位中年农家装束的人轮流在老法师的床前跪着,后得知是慈明法师的儿女。从他们红肿的眼睛看得出已哭了很久,女儿后来一直在阳台默默地抹着眼泪。令人感受到了出家与在家之人生死观念的差别!因慈明法师是出家之人,灵隐寺就是他的家,他的一切遗留财物归寺里所有,他的一切丧葬费用及善后之事也由寺里负责,子女只需前来探视告别即可以了。

后来,他们带着老法师的相框走了,内有慈明法师一生的照片。

这就是出家。

第二天要火化了。上午殡仪馆来了车,众人诵祷毕,将陀罗尼被最后覆上老法师脸部,殡仪馆的工作人员熟练地将遗体捆扎结实后抬下楼来。楼下早已有几十位本寺法师、职工与老法师生前相知的居士为他念佛跪送。随着汽车声的远去,慈明法师最终离开了他生活了几十年的家园。

祷愿逝者往生极乐

亲人及生前好友作最后告别

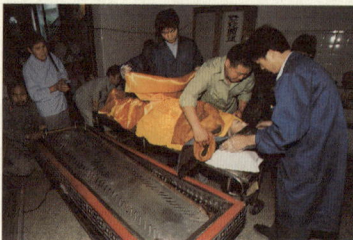

火化前的最后准备

亲友们目送着法师被缓缓地推进火化炉

待我与寺里的有关人员赶至杭州殡仪馆时，灵堂已布置完毕，电子荧屏上显示出"恭送慈明法师千古"字样。不一会寺里的大车将参仪的几十位法师送到。法师们手持法器在堂内按序站立完毕，子女亲友们作最后的瞻拜送别后，随着灵隐寺里专司礼仪的维那法师一声悠扬的诵唱声，法器齐响，众法师为慈明法师作最后的诵经助念送别。

诵毕，推车入火化房，遗体被徐徐地送入炉中。从瞭望孔可见，熊熊的火焰瞬间将遗体吞噬。

一个人就如此在这个世界上消失了！

几十分钟后炉火熄灭，一具骨架被缓缓地自动推出。火化工将之铲起、吸净，熟练地槌打碾细，最后变成粉末。骨灰入盒后，火化工面无表情地将之交给了家属带回。

在碾碎骨头的咔嚓声中，我浑身如通电流，头脑发麻。几十年来之人生规划、价值观念、诸种追求与烦恼，都在这声音中被碾碎，化成灰烬，如轻烟般飘逝无影。我无力地坐到等待室的长椅上，心想人光溜溜来到这世界，离去时就剩这一包灰土？生时无论是位高权重、富可敌国、建立了丰功伟业大名鼎鼎而万众景仰，还是沉鱼落雁花容月貌，走时什么也带不了，都无分别，化成一包尘灰、一缕青烟。几度春秋，世事交叠，一切将渐渐淡出人们的记忆，就仿佛这世界从来没有过这一个人。诚如《金刚经》曰："一切有为法，如梦幻泡影，如露亦如电，应作如是观。"

面对一堆白骨，一包灰烬，想想那种为职位、男女、名利而挖空心思、尔虞我诈、机关算尽以至损人利己伤天害理的作为，显得多么可笑，到头来还不是一切皆空，能带走什么呢？

古人云："知死乃知生。"我想见识过死或曾濒临死之的人会明白应如何生活于这个世界。记得有一位同学某次开车外出

人生在世最后的留存

时与它车相撞，命悬一线，被送往医院，出来后他对今后的人生大彻大悟；据说某官员去了西藏并亲眼目睹了天葬后，主动辞去了处长的职务；媒体载有一位干部为了职务升迁之事，一直郁郁寡欢，某次去殡仪馆参加了一位朋友的追悼会，忽觉一切都想通了。现在对此我深信不疑。

有了那次刻骨铭心的经历后，我对人生的理解也淡然多了。生而为人本不容易，又何其短暂，其实真没必要为一切身外之物烦恼伤神！我想：人生在世若欣逢机缘，努力学习工作或干出一番事业，以报效父母与亲友之养育、帮助之恩，为生你养你的一方水土乃至为国家争光，则最好，既能享受成功之乐，又能益于他人，也不枉了一生；若时运不济，诸缘缺欠，则粗茶淡饭、默默无闻，以随缘的平常心为自己和社会做点力所能及之事，享受生而为人所应有的一切快乐，平淡恬静而知足地度过自己的一生，亦好！只是千万不必为了某些身外之事苛求或委屈压抑了自己的一生，或为私欲损人利己以致抱恨终身。

我想，一个人待到将要离开这世界时能无悔、无怨、无欠，俯仰无愧，这应该是"圆满诸德寂灭诸恶"的一生了吧？

试问往来人，谁识山中好

鱼乐国

　　汉族地区佛教寺院只要稍具规模的，大多设一水池，供善男信女放生之需，有称"放生池"，亦有称作"鱼乐国"。池内碧波荡漾，鱼翔浅底，悠游自在。游人只觉得鱼儿幸福，鱼儿亦给人们平添乐趣。

　　一天，我应杭州一所佛寺监院法师之邀前去拍摄一个法会，去大殿时途经放生池，见池旁架一抽水车，池水将被抽干见底。有一相熟的法师执逮鱼用的网兜站立池旁，神情郁郁寡欢。互相招呼后问其缘由，法师告知，前段时间池里被人放进几条黑鱼，凶狠无比，专吃其他的鱼。起初不晓，直到近几天偶然见池中的鱼少了很多才发现的。以前发生过居士老太太把黑鱼放生进去，结果造成鱼吃鱼的事，费了很大劲好不容易才

影像中国佛学文化

水光激滟，白云悠悠，鱼乐国俨然鱼儿的乐土

天地之大德曰生，天地间之大恶曰杀生。
——莲池大师法语

94

不知天上宫阙，今夕是何年

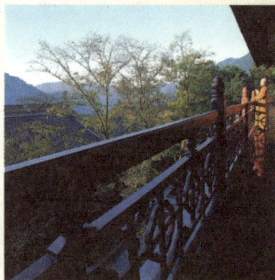
晨乐

弄好。后规定再不准往池里放生黑鱼。想必又是哪个老太太趁人不注意时偷偷扔进去的。眼见鱼被越吃越少,前段时间将水抽干打算把它捕捞起来另处放置,黑鱼就躲在岩缝中不出来,等水放满后又钻出来吃鱼,一直拿它没办法。

原来如此,我建议说,可否用鱼钩钓上来后另养?法师摇摇头说它有这么多鱼儿吃,既不会上钩,也不应去钓。很多办法想过都没用,无计可施,这几天再次将水抽干,黑鱼又钻进岩缝里不出来了!寺里交代我守候在此,待黑鱼出来后将它捞起。我问法师若它不出来怎办,他说也没办法。

后来不知黑鱼有否捞到。最初我只将此当做趣闻一笑了之,后细细琢磨,其实这件小事却蕴含哲理。

若吃鱼的黑鱼捞走后,其他鱼儿是否从此自在快乐呢?那天听法师顺口说,据他观察其实池里那几只老龟也是吃鱼的!他说你别看平时老龟一动不动睡着一样,鱼儿游到面前时它会快得出奇地一伸脖子就把鱼吞下,只是它吃得没黑鱼凶,没人注意罢了。

然而我想,即使黑鱼老龟全被捉走,鱼儿也不会都安全快乐!因为原先被吃的鱼儿也会吃更小的鱼,小鱼也吃蚯蚓及一些微生物等,它们虽小可都有生命。所以,鱼乐国里是永远不可能有所有鱼儿都安全的时候,生且无着,遑论快乐?放生池最终只是弘扬佛法教义、培养世人善心美德的一处感召心灵的场所。而且,若最后黑鱼被放置于江河大海,它也会被更大更凶的鱼吞吃。所以,窃以为自然界里也没有一处是任何鱼儿绝对快乐幸福的净土。

鱼乐国如此,人类社会又何尝有绝对快乐幸福之处呢?譬如居家之所:北方干旱有风沙,南方闷热多蚊蝇,江南虽好太潮湿,青藏缺氧久居难。欧美社会现代而文明,然而费用太贵居不易；农居悠闲，空气清新，但交通不便、卫生落后。这世界没有绝对完美的地方。

又譬如人生在世，生、老、病、死是大痛苦；求学难、赚钱难、升迁不易、找工作难都不令人快乐；人事倾轧、出行车祸、经营亏损、绑架勒索、假冒伪劣等都令人感到苦恼。人生若失败了痛苦，即便一个目标达成，短暂兴奋一时，新的欲望

春花秋叶皆入诗

又冒出来，永难满足与快乐。所以我想，这人类社会也没有绝对快乐幸福的事。

那么，生而为人，我们如何才能够找到快乐并且幸福地生活呢？

我时常在沉思，我在感悟，我在佛典中寻找答案，我亦曾向高僧大德请教。

佛典教导我们说，众生皆苦，唯有修习佛法才能离苦得乐！据载，佛祖释迦牟尼为王子时驾车出城，见到农夫被烈日曝晒大汗直流，鞭打耕牛辛苦劳作，被鞭耕牛皮破血流，而牛耕地时将蚯蚓与虫类翻出，鸟雀飞啄食之。他感叹众生皆苦，遂发誓出家修行。

所以佛教认为，属于大千世界的生命在六道中轮回沉浮，难以自拔，快乐短暂，痛苦永恒。而按教义所释，"离苦得乐"并非指引给我们这世界上某一块只有快乐没有痛苦的净土前往，自然界是没有这样一个地方的。其实它包含两层意义：修习佛法，恢复与佛平等之本来面目；改变人与人、人与事物、人与自然错误的观念，建立圆满的觉悟，使之当下心境即遇净土。

我想起以前曾听到这么一个故事：话说有一位老人生有两女，大女儿卖扇子，小女儿卖雨伞。晴天时，老人悲泣，人问其故，对曰："今天我那卖雨伞的小女儿没生意了。"雨天时老人又哭道："今天我那卖扇子的大女儿没生意了。"有人劝曰："你也可这样想啊，晴天时卖扇子的女儿有生意了；雨天时卖雨伞的女儿有生意了，这不就好了吗？"老人豁然开朗，从此以后无论晴天雨天，日日高兴，天天快乐。

联想到佛法的"离苦得乐"理论，我想这个故事是在告诉人们：快乐其实是一种心情，一种对事物认识的观念。因为不

一線天

千年沧桑一笛间

一洗尘虑清心胸

论是自然界还是人类社会，会有各种各样的痛苦与烦恼，不可能有绝对的快乐。世界上任何事物都有两面性，就看人们如何去看待。只有转变人生观念，正确看生活中的得失，调整好自己的心态，快乐才会时时伴随着你。

当你求职失败心情沮丧时，是否可理解为这或许也是件好事？首先，它使你认识到了自己的不足之处，并且也让你拥有更多更好选择的机会。倘通过学习与调整，自身得到弥补与提高，或许将会谋到更优越的职位。假若你先前侥幸谋职成功后忙于事务，则既没时间提高自己，也无法了解更多更好的信息了。这就是日常所说的"失败乃成功之母"。年轻者求爱遭拒情感挫折亦同，虽当时会感到痛苦失落，但当你将来遇见更好的人时，你会为当初没被束缚，今天仍拥有选择机会而庆幸。所以当追求了却失败之时，你是否应为通过此事能认识自己的不足并从此拥有更广阔的一片天地和更多的选择机会而高兴呢？

当你升迁无望时，是否应该为从此可能享有自由轻松的生活而快乐呢？假若你当初侥幸获得升迁，确实可脸上增光并获得一些好处，但从此你将日益忙碌，言行不自由，常要陪吃陪喝迎来送往，被迫做一些不愿做的事与见一些不愿见的人，而且从此不得不放弃许多美好的事情，并且会愧对竞职落选的同事，时时要提防背后的忌妒与暗箭。现在好了，你获得精神的自由与心境的宁静之乐，你既可享受自由人生、天伦之乐，也可专心于一门学问或一项事业。或许当若干年后那位升迁的同事又被他人所踩时，你已是某一方面有相当成就的专家或事业上有出色的成果了。这就是古人所说的"塞翁失马，焉知非福"。

人与人是这样，我想人与自然亦然，譬如春夏秋冬四季轮回，从某个角度看，春天乍暖还寒易感冒，夏天太热有蚊虫，秋天万物凋零实丧气，冬天寒冷难出门。而从美好快乐的角度

未能自利，先能利人者，菩萨发心。斯言甘露也。
——莲池大师法语

看呢？记得有一首著名的禅诗写道："春有百花秋有月，夏有凉风冬有雪，若无闲事挂心头，便是人间好时节。"古代的《神童诗》亦道："春游芳草地，夏赏绿荷池，秋饮桂花酒，冬吟白雪诗。"从美好的角度看四季，四季便给人以快乐了。

多年的佛门感悟与人生经历使我体会到：同一件事从不同角度看就能获得不同的结果——以乐观豁达的心态去看待万事万物，你的心情将永远是快乐的。快乐其实天天伴随人们，就看你是否愿意去寻找与如何认识了。

我想，是否可以这样说：其实，快乐幸福的净土就在每一个人的心中！

大肚能容难容事

梵音一歇花自香

随缘弥乐

　　我因居佛门数年，时有友人问起佛家"随缘"两字应作何解释？因这是佛门中最多提及的，也是世人觉得高深莫测的话语。而时下一些人遇到灰心丧气之事、不图进取之时也有说：那就随缘吧！因此，随缘总让人觉得万事命中注定，是一种听天由命的消极的人生态度。起初我对此亦不甚解，转而求教诸法师，不同法师各有不同角度不同层面的解释与说法。我尽管若有所悟，然而还是不得要领。大千世界，这"缘"究竟是什么呢？又如何去随？

　　有一年黄叶飘零的深秋时节，我到清湖的一座佛寺看望交往多年的一位法师。法师原在佛学院任教，后应邀前往清湖这座寺庙担任副监院职事，也即是寺里大小事务的副总管。第二天早斋后他陪我到寺后的竹山游览。前夜秋雨下了一个晚上没停歇，清晨山上落叶萧萧，满目金黄。闲谈中我们聊起了法师的画艺。因法师擅长书画，佛事之余以此怡情自乐。因其作品意韵空灵，设色古雅，独具禅境，已为教内外及书画界所推崇，有一家书画杂志专为其刊发了作品专号。我们聊起这些时，我建议他设法筹办一个画展，以使更多人能了解并欣赏他的作品。法师淡淡地说，到时看机会，随缘吧！

　　又一次听佛门法师提到了"随缘"两字！我乘机问他怎样才叫随缘？法师在山崖边站定后眺望山下，苍茫大地，重峦叠嶂，在雨后一片迷蒙，清湖县城于其中若隐若现。法师缓缓地说：随缘就是顺其自然，不强求也不执着！譬如办画展，若有

风筝能给人哲理的启示

人找到我，要为我出资操办，而我刚好作品齐备，各方面条件也允许的话，则就是有缘了，我就顺其自然办一次，这就叫"随缘"。反之若太刻意就是执着。

我为尽解其意，追问他说，世界上的事情不努力不刻意追求怎么能成功呢？就如办画展，你若自己不着意宣传推广，人家怎知你画的水平？又如何能找上门来？也就像你们法师读佛经，不刻苦不执着能背得熟么？法师淡淡地笑着说，我说的随缘不是说做事不用功，而是说缘没到时莫强求！还说办画展吧，我日常在画，好多人都知道，如觉得我画得好总会口口相传，有缘的人知道后若喜欢我的画或为了他自己的利益，他自会想方设法找到我。若无人找我，说明缘还未到，这时我就会等待不强求。但若真

上善若水尽随缘

随缘济世的济公活佛

的开始操办展览了，那我就会认真努力地去对待它，如何装裱好看，展览的场地和位置等都会费心费力地去选。你不去做天上也不会掉下来的，这不叫执着。

沿着竹山曲径，边走边聊已快到山下。我意犹未尽，接着这个话题问他："佛门中人与常人做事最根本的区别是什么？"法师沉思片刻后答道："恰如刚才所谈的，真正学佛的人顺其自然，以平常心做事，而在家人做事有些会挖空心思不达目的不罢休，这就是区别！好比我这次来任职，因这里刚好人手空缺，他们请省佛协介绍，最后推荐了我，而我本人和当地的人又都觉得合适，就随缘来了。若是有人为谋得这个职位，不惜挖空心思，托关系找门路拿钱通关节，或诽谤他人抬高自己以达到目的，这就是执着不随缘，而是攀缘。"

后来我受北方一位交往甚密的法师之邀，前去为他所在的佛寺拍摄寺藏文物。法师多年来担任着教内的重要职务，当时正在策划组织一次盛大的佛教文化活动。有一天我们一边饮着寺院里自制的清香飘溢的禅茶，又有意无意地谈起了随缘这个话

四季轮回，荣枯交替

题。法师却语出惊人，他说随缘非但不是消极的，从另一个角度来说它反而是一种积极的人生态度！比如当各种条件具备时，努力积极争取以达成目的，那就是随缘！反之，众缘聚合时而本人消极不努力，那才叫不随缘，因为个人主观意志上的努力也是很重要的一种缘。

他边给我们斟茶边举例说："就说这次开会请重要嘉宾到会参加开幕式这件事吧！"现在会议已万事俱备，各方面都很支持，各种缘分已到，这时就应积极主动地行动起来去请那些嘉宾。若对方工作忙，第一次拒绝了也不必灰心，可过些天再

随缘弥乐

请一次，让他们感受到你的诚意。若对方没有坚拒还有商量余地的话，可在会议快开幕前几天备好请柬，很恭敬地亲自前去送给他，作第三次邀请。很多情况下对方都会被感动而安排前来的，若真的有事来不了，那就随缘无憾了。

密林深处觅真佛

岁月荏苒，后来清湖那位法师的画展最终有否举办及北方那位法师有否请到重要嘉宾我不得而知，然而佛门中人对世事的见解与态度至今一直深深影响着我。我专门查找了许多资料，佛教典籍对"缘"的解释是"指一切事物之间生起一种互

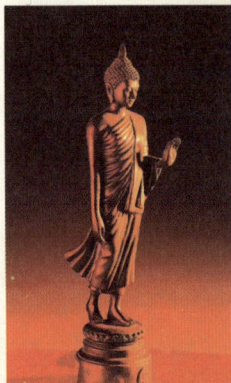

释迦牟尼佛于公元前588年在菩提树下了悟缘起理法

相交涉的关系"，而一般的解释，"缘"就是关系和条件。随着佛门阅历的增加、平日对法师们语言行为的长期观察以及与他们的探讨，我体会到佛门的随缘其实即是顺势而为，随的是客观条件与时机。它既是尊重事物规律、事半功倍的工作方式，又是一种积极而明智稳妥的人生态度。

随缘告诉人们做事前先要分清可为与不可为，即是说：当外界诸条件基本具备后，个人应抓住时机积极主动地去实现目标；反之，则应放下执着调整心态，耐心等待下一次时机的到来，不致因违逆自然规律而做徒劳无功的事。譬如航海，当顺风并且万事俱备的时候，就应抓住时机积极扬帆启航；当逆风或台风到来出行有很大危险时，则应休整等候，以免得不偿失，甚至折戟沉沙，我想这就是佛门随缘的一种人生态度吧？

随缘的这种淡定与明智，我以为能使人减少生命历程中诸多的烦恼，化解不必要的世俗仇怨，从容而坦然地对待生命中的荣辱得失、福祸生死，给人生与心灵带来宁静、平衡与满足之乐。

我欲乘风归去

白骨情缘

今年五月的一天夜里十点多，我有一位大学同学从温州给我来电话，说他弟弟为情爱所困不能自拔，那几天更是失去理智，欲与女方同归于尽，全家人惊慌失措，担心出大事。同学希望让他来省城一趟，托我带他去看看心理门诊，并让我开导他一番，在西湖边散心几天，或许于事有补。

次日，我在车站接到了他。小伙子二十七八，高大帅气。当晚一起吃饭时，从他叙说中获悉，他大学毕业后还未婚，在社区居委会工作。因长得英俊，这些年多是女孩主动追求他的，他都没看中。两年前有一长相平常的离异少妇千方百计用尽手段讨他欢心，终使他从起初看不上对方到最后动了感情接纳了她，并已同居近两年，今年初已到了谈婚论嫁的程度了。谁知前阶段该女子又与在温州投资的一个有钱有势的广东老板好上了，欲找借口与他分手。已倾情投入的他岂肯罢休，在数次与其谈判、与男方交涉无效后，他已准备好了匕首等器具，并策划好了几种与女方同归于尽的方法。他说，抛弃我，你也别想好过，一块死！

第二天早上，我陪他到一家省立医院的心理门诊去看医生。一个多小时后他出来了，说钱花了几百块，医生指点劝慰了他一番，并给开了些药，心里稍微感觉舒服些了，但他说还是不想与女方就这么算了，那太便宜她了。

听罢这话我的心情不轻松，还有什么办法开导他呢？

迟疑中我灵光闪现，忽然想起了佛门。我对他说，下午我带你去一个地方，保证对你有好处。

我想起了佛门不是没有原因的，缘于我这么多年对它的了解与深刻感受。我当即联系了杭州一所相熟的佛寺。真是很巧，一位与我交往多年的法师好友，佛学知识渊博，修为人品在教内享有盛誉，半年前发心去往川藏边界的佛学大本营静心修法，这几天刚好回杭州办事。我很高兴，若有他开导同学弟弟，必有奇效！下午我即带其前往。为能让小伙子一吐衷肠，以便法师对症下药，见到法师简单寒喧介绍后，我即退出找其他师父叙旧，让他俩单独晤谈。

约过了两个小时，估摸他们已谈得差不多时，我敲门进入。他们还在聊着，小伙子眼睛已明亮多了。我坐在边上旁听，并取出相机为聊得投缘的他俩留影。无意间见到法师房内墙上贴着一张奇异的图片，画面上是一具打坐形状的黑白全身骷髅骨架图，甚为怪异。我想起了以前曾听佛门中法师说起的"白骨观"故事。乘谈话空隙我询问法师："这是否佛门中的白骨观图？"法师答曰："是的。"

为让小伙子多受佛门教益，我遂央求法师对此详作开示。法师说"白骨观"是佛教对治男女情爱所累的一个独有法门。因佛门中人与常人一样多是来自红尘，都是爹娘所生、有七情六欲的血肉之躯，男女情欲是人的本性，与生俱来，但却是修学佛法最大的障碍，而要斩断情丝却非易事。当一个学佛之人为情所困不能自拔时，佛门中道友会帮他以"白骨观"来对治。具体做法

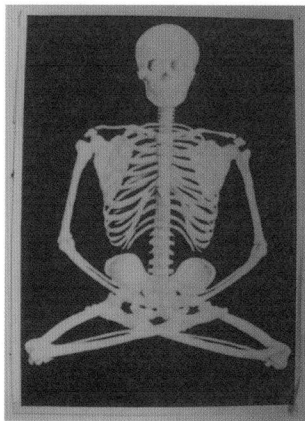

"白骨观"图

以佛法戒律约束自己，追求人格的完善

是：受困者将所爱之人作死尸默想，然后依次再作膖胀、青瘀、坏、血涂漫、脓烂、虫啖、散、白骨、烧九种观想。默想到一个人从死亡、腐烂、发臭、虫蛆咬、骨肉分离最后只剩下一具白骨骨架一点点变质坏死之全过程，默想你所恋所思之俏丽形象最终不过是一具装满粪便等污秽之物的臭皮囊而已，你还有什么恋恋不舍的呢？这是佛教中很有用的一个解脱法门，法师说这只是一个大概方法与过程，贴在墙上是起时时警醒的作用。真正修好"白骨观"决非易事，它要有专人教导、掌握适当方法并进行相当时间的实践，有的法师专去山中几个月闭门修炼。若真正修好了，可永远不受情欲所困……

那天法师与同学弟弟具体谈了些什么我不得而知，考虑到他的自尊心我也没多问。但出佛寺后他明显开朗了，我陪他轻松地游了西湖。小伙子主动要我为其拍照留念，他说给自己人生的这一阶段留个纪念。想想过去所做的一切很傻，他想第二天就回青田老家，把这一切尽早结束，开始新的生活。

据说小伙子回去后思想又经历过一些变化与波折，但最终还是顺利妥善地处理了此事，他本人也恢复常态回到了工作岗位。

经此事我心里不由得又增添了一份感动。这倒不单因为法师的一席话挽救了一个年轻人，或是说佛法对于这个现实世界的切实意义，并且我也不清楚法师的话对这个青年最后妥善处理此事到底起了多大的作用。我感动的是佛门中人为追求精神境界与心中的理想，忍常人所不能忍的意志力，摒除人与生俱来的本能欲望的毅力与舍弃世俗快乐的牺牲精神。

这份感动其实在我数年前走近佛门后即在心中萦绕着。当初我没接触佛教前即已知悉，佛门有不杀不盗不淫等戒规，亦有教法规定不准娶妻、不准亲近女色及不得有男女情爱。后来更知悉正式的出家僧人要遵守的清规戒律多达二百五十种！其

影像中国佛学文化

114

洞乳玉

玉乳洞中好修行

佛教僧人精进自勉的人生信条

他姑且不论，单这男女情爱我就觉得尤为难断，因这是人与生俱来的本性啊！圣人亦曰："饮食男女，人之大欲存焉"，"食色，性也"，佛教僧侣又是如何能化解呢？数年前我即是带着这样的疑问走近佛门的。

记得第一天与一位法师叙谈时，内心想要了解的渴望撞击着我的心头，而这敏感话题能否问又使我犹豫不决，最后在谈得投机时我小心翼翼地提了出来。没见法师有什么反感，但因初识看得出不愿多谈，他只是说，学好了佛法，精神境界获得升华，自然不会想那些世俗之事了。对此我自然不能满意，我想真有那么神奇那么简单？

那一次跟随天台山佛学院学僧们前往普陀山拍摄他们的受戒仪式。有一天傍晚我与学院的一位法师偕同外地一位求戒带队法师去千步沙散步，聊天谈起了这话题，我第一次听到"白骨观"这个词。那位法师告诉我，要断除情丝不容易。佛门中最难持的是偷盗，因未经许可取寺院一草一

学道之人，不为情欲所惑，不为众邪所娆，精进无为，吾保此人必得道矣。
——《佛说四十二章经》

116

五体投地磕"长头"，是佛教僧人超常的毅力与大无畏精神的一种体现

大慈大悲、救苦救难的观世音菩萨体现了佛教舍己济世的精神

佛教中人的一切行为
准则皆来自佛祖教诲

木也属偷盗；而最难戒的是淫欲，教内就有些人做不到致使犯戒。他本人专门为此闭门修了三个月的"白骨观"，现今那种烦恼已基本减除。应我要求，他详细叙说了去除情欲与修"白骨观"过程的种种曲折艰辛……佛门中人为了追求人生理想和完善自己的精神境界而付出如此的代价，让人不得不感动而钦佩。

　　然而，属于精神范畴的情爱欲即便能克服，而与生俱来的性欲又如何能消除？是一辈子的压抑还是有何秘法去除呢？那天晚上在浙南一所佛寺，与二十多岁的学僧慧灯在他的房内聊起其出家因缘时，我又提了这一问题。慧灯与我交好，并不避讳，他说自己有时候确实有这种欲念产生，很苦恼，不知怎么办，问师父，师父教他打坐对治。他以后每逢起心动念时立即打坐修止观，万念放下，默默地观照自己的心，一旦升起杂念，立即追踪观照，杂念自然消失，久而久之，这种欲念就淡多了。他说有些禅定好的老僧坐禅至相当境界时，身体中会产生一种难以用语言形容的愉悦感，世俗的快感根本无法与之相比，禅乐取代了一切世俗的乐趣，所以这种欲念自会消除了。

　　又有一次，我在与一位法师谈起这个话题时，他亦说淫欲难戒。他因十七岁时未谈女朋友就出家，相对而言容易持戒，而

孜孜不倦的求索

使人愚蔽者，爱与欲也。
——《佛说四十二章经》

有些半道出家的很长时间改不了这习惯。所以为断此欲佛家有许多相关的对治方法，比如葱、韭菜等生吃易发脾气，熟吃易生淫欲，佛门禁食之，清淡素食益于守身持戒。他又说，为何佛门要凌晨三四点钟起床做早课呢？其中一个作用就是对治世

通过虔诚礼佛，获得摒除烦恼的智慧与力量

过着清苦独修生活的山间隐居僧人

俗的性欲。他说按人的生理规律，凌晨时分性欲最为旺盛，做早课不但能分散转移这种俗念，而且起早念佛，久而久之逐渐会心地清净、无有挂碍。

　　而在杭州一所佛寺里的见识，更使我受到了难以忘怀的震撼。那天我在一位受戒不久的二十多岁的小法师处与他切磋书法，无意间他露出两手臂上两个相似的烫疤。我深感奇异，在我再三追问下，他告知此乃当初在老家时应他自己要求，师父以熨斗为他所烫，以此刻骨铭心的记忆激励他永生戒除男女情爱淫欲与一切贪欲。半年后，他去了藏川交界处的佛学大本营，到那严寒而空气稀薄的雪域高原苦修佛法。再后来就没有他的消息了。

　　许多年以来，我无论从事摄影创作抑或出差、旅游，若遇佛寺，我均会怀着一种特殊的情感进入瞻仰。这一方面是因为我曾在其中度过了多年难忘的岁月，有一种自然的亲切感，而更主要的是在当今利益驱动的市场经济社会中，这是一方追求精神境界的难得乐土！在这里我有一种心灵上的归属感。至今

爱欲之人，犹如执炬逆风而行，必有烧手之患。
——《佛说四十二章经》

心中自有明灯

120

我仍被如法严格持戒的一些僧人所深深地感动着。从佛祖释迦牟尼为成道而度过六年日食麻麦极其艰苦的修行生涯，到现今佛教僧侣为了追求理想而牺牲世俗的享乐，摒弃作为一个人与生俱来的本能欲求，这是何等高尚！此乃尘世中常人皆可为之的么？我想无论佛门内外，只要有这种毅力与精神，已真是无愧于大丈夫大英雄的称号了。

护法安僧的韦驮菩萨是大无畏精神的象征

克服陋习，排除杂念，静虑参禅

佛光梵影

《寺外青山山外天》

灵隐寺于一千六百多年前的东晋咸和年间由印度僧人慧理创建，至今以规模宏大著称于海内外。其建筑沿山势而建，从天王殿开始共有五进大殿，最后的华严殿已位于半山腰中，气势壮观。寺内有多处建筑与雕刻因其高大恢宏而荣获中国之最乃至保持吉尼斯世界纪录。若初次步入大雄宝殿，人们的心灵会被震撼，瞬时感觉到自己的渺小。

2002年我受灵隐寺委托，正式开始对其进行全方位拍摄后，就一直在构想着如何表现这种宏伟的气势。曾考虑了多种方案，均未有满意结果。若直接拍摄巨大的殿宇，或全景鸟瞰，大则大矣，画面会一览无余太实太堵，纯属记录而无艺术性，引不起观众美的联想。更关键的是这种拍法不适合表现佛教题材，因佛门崇尚空灵、恬淡的审美趣味，主张含蓄、和谐、引人回味，强冲击力、大对比拍法体现不了这种禅意之美。好在灵隐拍摄时日良久，我能常常优游于寺中观察与研究。

某天行至藏经楼与药师殿之间，见三重梵刹之飞檐层层叠叠，远近相交，大小穿插，高耸入云，吊铃在风中轻晃，其声悠扬清脆，回荡于山谷。我心中灵光闪现，假如去除大殿整体形象，单取景表现飞檐又会怎样呢？这样既可体现重重殿宇的巍峨宏大，又非直接再现，而是通过观者之想象完成整个画面，给人留下美的联想。我决定按此方式尝试拍摄创作。

正式拍摄时我请寺里安排了几位法师着佛门盛装点缀于画

面，作遥空拜佛状，采用对比法则以人物之小来衬托飞檐之高大，从而加强殿宇的宏大感觉。反转片拍完冲洗出来后，颇有新意且效果尚可。然有法师观片后指出，画面中僧人所着衣饰只是在上殿、过堂等法会活动时所用，称"七衣"，非闲常时所着，故此时着此衣不合寺规，听后我受益良多，通过摄影创作让我增加了对佛法的了解。我计划调整后再拍摄。同时我亦觉所摄作品画面色彩为现实再现，有世俗杂乱之感，应使色彩

《寺外青山山外天》

作者获"休闲在杭州"全国
摄影大奖赛特等大奖

成为服务主题的元素，营造出一种仙境般美的意境。我尝试以法国高坚浅蓝滤色镜滤色，以统一画面总色调，同时运用低饱和度互补色面积差异对比法则，以人物的小块暖黄色协调画面，使之色彩不致过于单调。并且因为原先方构图进入画面杂物太多，故将哈苏原先的6×6后背改为6×4.5后背，取长方形构图以加强殿宇高耸宏大之感。第二次拍摄时，将三个人物改换成合理服饰，安排为疏密相间的一坐二站式，富韵律感，且均为背影，追求含而不露引人遐想之意。一人以手遥指，将观者视线移往高处飞檐直至远处的青山与天空，更加强画面给人的高低落差之感。经以上调整，拍摄的反转片冲洗出并作相关调整制作后，作品中佛门那种清净空灵的意境获得提升。画面摄自现实，然而，因为有了拍摄者独特的思考与情感，并采用了摄影这一特殊的艺术表现手法，它有了独特的韵味，有了灵魂。它源于现实，却又不同于现实，在现实中得到了升华。

（2003年，该片与其他七幅作品组成的系列作品《灵隐寺》获首届"休闲在杭州"全国摄影大奖赛特等大奖）

《一领长衫任去留，哪知尘世有喧嚣》

人言拍摄人文作品难，因需要文化素养作基础。我以为拍摄人文类中的佛教作品更难，只有具备了较高的综合文化素养，同时懂得佛法教义，体悟其精神内涵，方有可能拍出其特有的意境，否则只能是猎奇式的表面记录。

深入佛门后，为了从根本上理解佛教，从而拍摄出有深度的佛门作品，数年来我边拍摄边研读佛典教义，同时听高僧讲法，向法师们讨教，与苦行僧一起行脚和参禅。数年来的学习使我粗浅地理解与感悟到佛法教义中"空"字的含义，诚如《金刚经》所言："一切有为法，如梦幻泡影，如露亦如电，应作如是观。"禅宗六祖慧能亦曰："菩提本无树，明镜亦非台。本来无一物，何处惹尘埃？"

然而,摄影这种艺术形式又如何表现这种佛法的义理呢？

在灵隐寺拍摄的某天，我蒙藏主法师慈悲特许，带着摄影器材上了佛门的圣地藏经楼。到了楼上，我为眼前景象所吸引：大厅正中端坐着一尊雕刻精美的佛像，佛像外边的玻璃窗反射对面的树木殿宇，景色与佛像相叠映，产生了亦真亦幻的奇异景象；锃亮的地板为外边色光逆照，呈现出五彩变幻、光怪陆离的奇特色泽。此种奇异的景象使我感到与佛法解释现实世界的义理相契合，应能产生有佛教意韵之视觉作品。

然而感悟虽有，但要以摄影形式表现却感觉场景太对称单

《一领长衫任去留，哪知尘世有喧嚣》

调，升华成艺术作品似欠点睛之笔，必须有一种点题形象打破此种日常景象，与整个场景相谐调并带出佛法常说的"空"的主题。然而画面安排什么形象呢？

我转而求教被尊称为高僧的藏主法师。法师观察我架设于三脚架上已取景构图完毕的哈苏相机取景框后，亦赞同我的构思与观点，与我共同讨论表现形象的安排，最后他答应为我做模特。我们的构想是：藏经楼与佛像象征佛的境界，外面的风景象征现实的大千世界，一个正在沉默思考着的僧人缓缓行走在两者之间。人物应是虚幻不实的，映衬在地板上的倒影应更虚幻迷离，以体现佛教对现实世界的解释。开拍时，我设定以最小的光圈使画面产生极高的清晰度以体现现实世界之真实，以较慢的快门速度将动态人物形象拍成虚幻效果。总之，一切形象、色彩、形式围绕着表现"虚"、"幻"、"空"的佛法意境。考虑到摄影慢速效果的不确定性及哈苏经典相机不能连拍之原因，故拍摄时以 1/4、1/2、1 秒等三种速度多次拍摄，很惭愧让做模特的藏主法师竟来回走动了十数趟。冲印后显示，整一卷反转片内，去除快门太快、太慢和形象太虚、太清晰的，最后就只有一张基本合乎构想效果。

佛门禅宗有曰：佛法只可意会，不可言传。我无法评估作品究竟有否表现出佛法意韵。或许，佛的境界本来就无法用有形的图像来表达的。

（系列作品《灵隐寺》之二）

《风里看花花非花，烟中礼佛佛即佛》

佛离我们很近，佛又离我们很远，此为创作该幅作品之思想主题。

佛确实离我们很近——现今大小佛寺在国内随处可见。杭州被称作"东南佛国"，自古佛教更是兴盛，在西湖边游览，常可见到绿荫丛中之佛寺红墙。灵隐寺更是名扬海内外，游客摩肩接踵络绎不绝。如今人们只要乐意，随时随地可到佛寺瞻仰拜佛，烧香观光。

　　然而佛又离我们很远——佛法浩瀚博大，常人无法通晓；佛教之世界观、价值观与现实社会相距甚远，人们大多难以理解；佛教讲究随缘弘法，须因缘殊胜你才得听闻佛法，否则近在咫尺却似远在天边。故红尘中人对佛法大多是似懂非懂，半敬半疑。

　　一年一度的春天又到来了，灵隐寺大殿前的白海棠花又盛开了。恰逢双休日，游客熙熙攘攘，我尝试以摄影来表现佛与

《风里看花花非花，烟中礼佛佛即佛》

现实世界人们的这种距离：我让助手明慧法师搬来八字梯子，我爬上将哈苏相机手持架在梯顶上，这样高处的花朵就降低了下来，象征现实的海棠花与象征佛法的"佛"字形成了意义与视觉上的对照。我采用180mm长焦镜头，设定f/4大光圈，对焦于花，使得远处的"佛"字虚幻迷离，下边亦是虚幻迷离的红男绿女，人们因大多不甚知晓佛法而又前来烧香求佛祖保佑，故心中也是虚幻迷离的。为加强虚幻感，我动用特权让明慧法师通知寺内职工将香炉内香烟烧得旺些，故画面烟雾弥漫，营造似人世非人世之迷离感。

最后，我觉得现实的色彩太花哨艳俗，不能表现佛境的清净澄澈，故于镜头前选加了法国高坚蓝调滤色镜统一画面色彩，将现实的灵隐寺升华到一种幽蓝色的、梦幻仙境般的色彩境界中。

看过我作品的友人说，后来到灵隐寺怎么也找不着我作品中的场景与意境。我说，是啊，我已将现实的灵隐寺根据我的主观追求改变与升华了，现实中又如何找得着呢？

（系列作品《灵隐寺》之三）

《过堂》

"公元2003年12月某日凌晨时分，中国灵隐寺的僧侣们在早斋过堂仪式结束后依序步出斋堂。该仪式作为僧侣们每日修持的一种方式，在中国汉传佛教寺庙中已延续了千百年。"

这是我三年来为杭州灵隐寺所拍摄的作品之一。

2002年我受邀开始拍摄灵隐寺。这座千年古刹学修戒律十分规范、严格，其中的早斋过堂仪式之盛况尤其令人神往。我住在邻近斋堂的方丈楼，往往是凌晨过堂洪亮的念诵声催我起床。佛家的过早堂即齐到斋堂吃早饭之意，有一套规范的仪式，是汉传佛教规定僧侣每天的必修课之一。该仪式的主旨之一是报恩，即用斋前后均须举行念诵仪式，僧众同诵供养偈，以报佛恩、报法恩、报众生的供养恩。

我喜欢过堂仪式那种感觉，有时在边上旁观。灵隐寺正式僧众达一百五十多人，念唱时那种异国梵语音调常能使我如闻天籁，将我的情思带到美妙的境界中。诵唱到紧要处，音韵雄浑洪亮，震撼殿宇，当此时刻我往往浑身如电流穿过，神飞天外！心灵被一种难以言说的美好感动着。我曾尝试着把这种感动以摄影表现出来。发现拍出的片子恰如佛教仪式的资料片般直白，并且由于凌晨时分光线暗，ISO100vs反转片拍出的人物也不清晰。前后多次尝试用各种表现手法，皆未能体现出

《过堂》

国际奥赛主席格里斯博士来中国杭州时，与我一起在灵隐寺，与奥赛获奖作品《过堂》的"画中人"——僧值法师合影。

感动过我的那种意境，充其量只能算作佛家生活的再现，为此曾经苦闷和失望过。后颇有见识的媒体摄影朋友自远方来，与杭州某出版社师友一起观看了片子，对我该场景的拍摄给予了不少很有启发的建议，激起我重新尝试的决心。

之后有一段时间，逢过堂时我有意不带摄影器材，去观察感悟整个进程。为不影响他们，我常于斋堂二楼回廊拐角处默默观听，在各个有可能的位置反复地研究。一次在斋堂楼上我发现过堂结束时的场面最合我意，于是有几天我凌晨四时即起床，在斋堂楼上架好相机，调好慢速快门静候心目中那瞬间的到来——我想象中的画面是：过堂仪式结束时中间肃穆静立的僧值法师和两边流动虚化的僧人，以表现佛教万法皆空、人生如梦幻泡影、变幻莫测之教义精神。而正对面的对称构图及背后整齐划一的碗筷，体现了佛教严格的戒律和庄严的仪表。流畅的虚影与有节奏感的点状碗筷、变幻的人群与不变的人等构成艺术上一种动静虚实之美。经数次拍摄，先后尝试采用了几种不同的曝光速度及方式，终于在已拍的数个胶卷中挑出了这一张作品。

（2004年，该作品获第十三届奥地利国际摄影艺术展览专题组第三名）

《一入云林百虑空，寻常钟磬几回闻》

"清晨入古寺，初日照高林。曲径通幽处，禅房花木深。山光悦鸟性，潭影空人心。万籁此皆寂，惟闻钟磬音。"我自少年时读了唐代常建的这首诗后，即为其清幽空灵的意境所陶醉，其作品营造的诗意境界数十年一直萦绕在我的脑海。可以说我对佛门的向往与走近，这首诗也起到了不可低估的"助缘"作用。我总希望今后寻找机会用摄影手段来表现这种

能皈依三宝，真实修持，才得了脱生死，往生西方。
——印光大师法语

禅境。后来有缘亲近佛门，亦去过不少古寺名刹，也一直在观察寻找那种意境，然而诗意毕竟是一种已经提炼升华的艺术境界，现实中难求，作为艺术家的我深深明白这一点，然而一直未能放弃这种心灵上的向往与求索，这大概就是艺术的魅力吧？

2004 年晚秋，我因拍摄工作而住在灵隐寺。一天早晨用罢佛寺早餐后，我带着相机在寺内寻找拍摄灵感。行至大雄宝殿旁时，忽为眼前一幅奇异景象所震惊：曙光初照的飞来峰如巨大的屏障耸立寺前，晚秋黄叶已近凋零殆尽的密林中，晨光透过树梢瀑布般地倾泻而下。远处山门外信众烧早香的香烟升腾起一片白雾，刚巧将山门飞檐烘托得似天上宫阙，古寺在

《一入云林百虑空，寻常钟磬几回闻》

云蒸霞蔚之中美若仙境。前方，有几位去往念佛堂的法师手搭衣袍，披着晨光款款走来，这不酷似我一直在心中求索的诗境么？我激动得几乎是未加思考地迅速取出相机，快速构图、测光，在烟雾将要升离飞檐前的瞬间按下了快门。

拍摄完毕我激动又遗憾地坐在原处，许久没起身。激动，是因为定格了从未遇见的佛门诗意境界；遗憾的是法师近在眼前却已走过，根本来不及摄入镜头！

当晚我问明念佛堂法师的作息时间后，次日提前将相机架于原处守候。果然，法师们披着晨光翩然而至。却不成群，经我组织安排总算如愿补拍完，可惜没有了前一天之烟雾衬托，以致背景平庸。反转片冲出后见前后两天所拍皆不完整，并且前景房屋外形皆呆板难看，建筑工地零乱，均难独立成为艺术作品。这也确实无奈，风光摄影中天时、地利、人和缺一不可，难以按个人意志转移，我的这种际遇已属幸运了。

思量许久，我决定动用取长补短的手法，使用现代数码软件制作工艺，来实现心目中那种现实里不能直接获得的诗意仙境。我以甲片之背景融合乙片之人物，再从寺内它处拍摄的外形较美的房屋剪影替代原前景建筑，将色彩调子按既定的意境调节成洁净的蓝调，追求一种超乎现实之上的禅韵境界。后期合成制作的过程漫长而单调，曾记得仅为将人物与背景色彩调整得统一，自然，竟反复修改了一整天的时间。

这是一幅按酝酿了几十年的意境拍摄，加上现代电脑工具制作而成的艺术作品，我将其视作迄今为止佛门摄影作品之最爱。

我以为：从事艺术摄影者，具备文学尤其是诗词修养极有意义，因为心中有了意境，才会有所追求，才能调动表现手法去实现之。

《烟霞洞之谜——寻佛》

　　这是一幅从构思至拍摄完成时间跨度长达四年左右的作品。

　　杭州烟霞洞位于翁家山，洞中雕刻着从五代后晋年间以来大大小小的观音罗汉和佛教人物像，以雕刻精美闻名，尤其是洞口左右两尊观音像造型更是生动飘逸，有极高的艺术魅力。然而因洞中常年黝黑，且懂佛教典故并有欣赏雕刻艺术兴趣的人毕竟有限，故游客稀少，也没看到多少摄影者前去拍摄创作。

　　我十数年前就读于中国美院时与学友曾登临该洞游览。当时从美术角度去考察欣赏了一番，并未有创作计划。2000 年从事佛教摄影后，一次陪友人前往观光，始细细察看。见黝黑

《烟霞洞之谜——寻佛》

《烟霞洞之谜——寻佛》获第十四届奥地利国际摄影艺术展览专题组冠军

的洞窟中各种佛像及古印度面孔的佛教传说人物雕像隐现其中，或坐或站，雕刻精美传神，神态各异，在洞中默默度过了千百年的时光。强烈的神秘感与佛门摄影的经历激起我创作的冲动，我想若该景象能拍成作品定有极高的历史价值与神奇的艺术魅力。然而如何表达呢？

我设想画面上有一位僧人举着火把在黝黑的洞窟中寻察并拜谒礼佛。这样古代异域的僧人与现代的中国僧人、雕刻静止的传说人物与活生生有生命力的人物交叠，形成强烈的视觉对比，营造出一种穿越千年时空隧道、迷离神奇的画面效果，表现佛教徒追思佛祖当年辉煌伟业的敬仰之情，表现其对佛学虔诚与追求的信念，也可侧面表现千百年来中国佛教的沿革与变迁——一句话，表现一种神奇的历史感。

以后我又去了一回烟霞洞，在对雕像久久冥思默想后，更清晰了拍摄思路与画面可能呈现的效果。然而那次只能感叹而回，缘因这种拍摄构思需要佛教僧人做模特，也需要相关道具与助手配合，作为独立摄影人的我尚缺乏条件。我想只能将构想先放着，今后再等机会了，随缘吧！

缘垂青于有追求的人，它果然来了。2004年杭州要出版一套文化丛书，其中一本为宗教专集。我受杭州市佛教协会委托负责拍摄杭州的相关佛教寺庙、遗址古迹，烟霞洞赫然名列其上。市佛协按我的要求组建了由佛教僧人、佛学专家、司机组成的摄制组。拍摄烟霞洞的早一天，我按先前构思准备了蜡烛、灯光及相关镜头与胶卷。我想：现在总能随心所欲地出作品了吧？

拍摄时我让助手明慧法师举着烛光自洞口而入，边行边拍。然而很快遭遇了摄影技术的问题：因洞内太过黑暗，ISO100胶片曝光时间太长，而动态中的蜡烛光太暗，故活动的人物、烛光在画面上根本留不下任何影像痕迹——艺术构想与实际拍摄还是有一定的距离!

我将构思作了调整:将胶片改用ISO400以提高曝光速度,将动态的人物改为静态,让明慧法师举着烛光正对着一尊雕像虔诚观照。这样,不动的烛光亮度提高了,映照着的雕像、僧人形成视觉中心点。而大面积幽冷的山洞包围着一点暗红烛光形成画面兴趣点,以达到一种既有明确主题又有整体耐看的层次与形象的视觉效果。这种构思拍摄时又碰到多种困难,反复了多次,终于完成。

这幅作品可说构思长久,拍摄快捷。冲洗并制作完成后,因一直觉得与预先构想的效果尚有距离故未给予特别重视。没想到2005年5月,竟奇迹般地一举荣获有105个国家参与的、世界上艺术类摄影规模最大、级别最高的第十四届奥地利国际摄影艺术展览专题组冠军,成为中国第四幅在国际摄影界万众瞩目的奥赛上获得冠军奖荣誉的作品。消息传来,我激动之后感叹不已:一是感叹自己差点埋没了一幅冠军奖作品;二是慨叹中西方文化与审美观差异竟是如此之大。

受邀赴欧洲出任2006年度奥地利国际摄影艺术展
国际摄影评委

影缘·佛缘

作为一名摄影家,此刻我的心灵充溢着无上的感动与自豪。

张　望

2007 年 5 月 31 日

远隔重洋的外国人在中国佛门剃度

在中国东南沿海万峦苍翠的崇山峻岭中,有一山兀自独立。在历史的长河中,不仅是中国历代的大德高僧及骚人墨客在此多留足迹,盛唐前后日本、韩国的遣唐使、留学生及其他各色人等也慕名来访,络绎不绝地奔走于山道上。

此山名唤天台山,为中国佛教天台宗的发祥地。

公元 2007 年 5 月 31 日晨,位于天台山深处的天台山佛学院举行了一场非同寻常的佛门仪式—— 一位远隔重洋的新加坡人将在这里正式剃度,成为中国的佛教僧人。

上午 8 时正,刚才还鼓乐奏鸣、梵音嘹亮的大殿寂静了,参加剃度仪式的僧众与赶上山来观瞻的居士们目光集中在闭目跪拜在佛像前的新加坡人陈永宏头上,庄严的时刻就要到来了。

天台山佛学院教务长允观法师念偈完毕,轻轻地拿起托盘中的剃刀,左手按住陈永宏的头,右手缓缓地在预剃后仅留的一撮头发上刮下了第一刀。伴随着极其轻微的沙、沙声,作为世俗之人象征的头发纷纷落下。旁边的司仪法师伸出手,接住了落发。

一位新加坡人的夙愿终于实现。中国佛门多了一位特殊的

天台山佛学院

138

天台山为中国佛教名山，山中寺庙遍布，梵音缭绕

陈永宏微笑地从机场出来

僧人。

呵，一段新的人生历程开始了！

观瞻见证整个仪式过程的人们或欢悦、或诵佛、或沉思。

其中唯有一人与众殊异，其内心感慨万千，唏嘘不已，又仿佛卸下千斤重担。

"座中泣下谁最多？江州司马青衫湿。"

那个人是我。

摄影家迎来了难以置信的奇特观众

时光倒流，我的思绪回溯到三年前。

2004年5月29日上午，中国杭州萧山国际机场。我在迎接一位远隔重洋的异邦客人、素未谋面的奇特观众。我胸前挂着尼康单反专业相机，闪光灯已插在热靴上，可随时拍摄。

这是一位来自新加坡、要到中国出家为僧的奇特客人！

中午12点19分，身着红底白横条T恤的新加坡人陈永宏推着大件行李笑容满面地出现在国际航班到达出口处。凭着先前收到的照片我已认出他，我举起相机连按两下快门，定格了这一历史性的时刻。

中午在机场餐厅进餐时我仔细端详了他：陈先生与先前简历所述相似，是一位五十多岁的有东南亚人特征的男士，高大魁梧，看去随和厚道。他用不地道的华语与我对话，困难处则借助英语解释，向我详细地介绍了他的经历、家庭、几十年的人生历程与出家为僧的因缘与决心。

他说着，从随身的包里取出一本十六开大小的装订本递给我看。本子以透明塑料页做封面，制作得很讲究，看得出里面的内容他很重视。翻开后所见都是从我的摄影网页上下载的天台山佛学院图片及英文说明的内容。他为我边翻边说："你的

影像中国佛学文化

佛教作品不但图片拍得好，文章也很吸引人，作品的意境让我入迷，读完后一直不相信这是真的，有七八个月几乎每天看几遍你的文章。后来又看了一些介绍中国佛教与天台宗的书籍资料，最终确定这地方最适合我修行。于是我试着给你发了一封e-mail，隔了很久终于收到了你的回信，很高兴，将你的网页复制了十几份送给同道朋友看。大家都觉得好，有好几个就想跟我一起来中国出家。后来我决定自己先来看看，再回去告诉他们。"

聊到这里他忽然说了这么一句话："张望，你可以说是我的恩人。"

在摄影作品中，他找到了人生与灵魂的最后归宿

呵！是什么因缘竟能连起这远隔重洋的佛缘？

让时间往前再往前，回溯到2003年12月25日这个日子。

这天，我随意连上宽带网收阅已十几天未收的邮件。平日诸事繁杂，故对带有众多垃圾邮件的外文邮件大多随手删除。

这天我突发奇想以翻译软件检阅外文邮件，赫然见到一封带有"佛教"、"出家"、"新加坡"字样的奇特邮件。我未敢大意，转请英语较好的友人与浙江大学研究佛学的教授翻译。信的大意是一位外国人看了我在国际互联网上展示的中国佛门摄影作品后，深受感动，充满神往，要我介绍他来中国天台山佛学院出家。署名

"看了你的作品后我被感动，决定要来中国出家"

影像中国佛学文化

是 Amitadha Andrew Chen 安德鲁·陈。

那真是一封使人感动又难以置信的信！

信的真诚、恳切与学佛济世的宏愿令人感动，它的可信度又使人难以置信——我的摄影作品真的有这么大的艺术感染力，使一个异国之人不远数千里下决心要到中国来出家做和尚吗？

我的作品网页刊载的是数年前拍摄于天台山的中国佛门摄影作品。天台是我的故乡，孩提时代我与小伙伴们即常去国清等寺庙游玩。看到穿着奇异、念念有词的和尚们觉得神秘又有趣。在那旅游与娱乐还没被普遍开发的年代，大年初一去国清寺玩一趟成了那时我们的最大娱乐，这可能就是一种从小的佛缘吧？及至就读于中国美院后，从文化艺术角度看佛教，它又使我神往，产生了今后有机会用视觉艺术表现佛教题材的愿望。这个夙愿直到大学毕业十年后，我洗净客袍从深圳北归杭州，正式开始纯艺术生涯后才得以摄影的形式实现。

在天台山佛学院持续三年的拍摄期间，我深感社会上有些人对佛教大多误解较深。因佛教崇尚随缘弘法，故无缘及佛缘不深者听闻不到真正的佛法教义，而翻译自印度梵文的深奥的佛教经典又无几人能去读懂，故世人多以一己的道听途说或猜测来看待佛门，其间更有误会及曲解，由此造成言行上有时对佛教与僧侣的不敬，我以为这对佛教是种不公。同时，在佛门数年中，我无数次为佛教僧侣对理想境界的孜孜不倦的追求过程中超常的意志力与大无畏的牺牲精神所感动，故有缘亲近佛门的我觉得有义务将自己几年所亲见的真正的佛教、几年来的感动，以摄影作品配以通俗易懂的文字组成图文纪实佛门系列专题，通过自己的作品网站及各种有缘的媒体刊发，并出资请精通中国文化的大学外语系教授翻译成英文，期望让全世界不同语言与文化背景的人能借此了解佛教、理解佛教、支持佛教，若有佛缘殊胜者甚至皈依佛教。

然而，真的这一天到来时我又犹豫了，他是一个什么样的人？是否一时冲动？家庭是否同意？他能受得了佛门的清苦么？有否其他原因或别的什么目的？我若答应帮助他，我不知远隔重洋、异国他乡的此人的详情，万一他做出什么不适宜的事来或一时冲动以后反悔，我怎对得起佛教及法师友人？但若就此拒绝他呢？这个与佛有如此殊胜缘分之人可能正等着我的帮助，而且这也是我当时建立网页的初衷啊！若这样随便回绝一个有缘人，我想自己一辈子会受良心谴责的。

思虑再三，我给他回了一封邮件。大意是外国人在中国出家可能有许多审批手续与难度，你若真心出家，请将学佛与出家的真实原因与目的、本人的情况及出家后家庭的安置计划等详细资料及有关证明影印件寄给我，以便我酌情向天台山佛学院介绍推荐。

一个多月后，我收到寄自新加坡的有关他及家庭的诸多介绍材料及影印件，并且在数月中，他与我多次电话、信函联络，据此我了解到了他的相关情况：

对方中文名字叫陈永宏，新加坡籍男士，时年五十三岁，毕业于英国艾克斯特大学并获文学硕士学位。曾先后就职于英国全国学术评定委员会、英联邦议会、英国国会大厦等机构与地点。作为英联邦财政部的财政官员，曾参与管理五十一个英联邦国的财政。

曾经是英联邦财政部官员的陈永宏与部长在会议中（资料图片）

其后回新加坡成立私人企业公司。曾去过世界很多国家，是一位自小受西方文化教育、见多识广的高级知识分子。历经世事后的陈先生后来对现实逐渐看淡，内心一直在寻找着一种能寄托精神与信仰的生活方式。在近十年中接触并信仰过一些宗教，但心灵仍不能获得解脱，最终为佛教所吸引。后通过网络、朋友、报章及杂志寻找有关佛教及出家的信息时，一次偶然的机会搜索到并详细阅读了我的摄影纪实图文系列作品《走近中国天台山佛学院》英文版，作品的艺术感染力令他深受感动，而作品意境与其心灵追求的圆满契合，使他认定已在其中寻找到了他人生与灵魂的最终归宿。在其后充分研究中国佛教并从其他方面获得佛教天台宗的各种信息后，遂萌生并坚定了前往中国天台山出家并终身成为中国佛教僧侣的决心。

英联邦国家财政会议合影，后排左二为陈永宏（资料图片）

与部分英联邦国家代表合影，左一为陈永宏，左二为其秘书（资料图片）

由此可见他的出家是思虑再三的。但他为何唯独青睐天台？以后找到更好的去处会否变卦？出家后家中事如何安排呢？我依然心存疑虑。

陈永宏说，其实从几年前起他一直在寻找了解合适的出家地点。东南亚几个佛教兴旺地区有的寺庙就讲一个"钱"字，去出家的人也有为还俗后有房有钱的，我不喜欢。我出家为修行，了生死，不为钱，所以没去；美国也有修行处，但这个国家是花花世界，我都这么多年在现代化城市里，厌倦了，也没意思。后来看到你网页上介绍天台山佛学院的作品，才感到自己心中缺少的就是佛心。

　　他说，我都五十多岁的人了，什么都经历过，不像年轻人那样会因冲动而后懊悔。至于家里已安排好了，兄妹五个皆可赡养父母，他们也都鼓励我出家。父母说你都五十了，主意你自己拿，按你喜欢的办。我 1983 年离婚后未再娶，无子女及

陈永宏向僧人们学习中国沏茶功夫

人生的选择，灵魂的归宿

家庭拖累。"虽是单身人士，但不为情爱烦恼，所以也不是为爱情而出家。"陈永宏在给我的一封信中写道。

他还说，看了你的作品后我已下决心到中国来出家，我想一辈子在中国做和尚，今后将把我所学得的佛法的殊胜弘扬到海外。从那以后我每天都是五六点钟起床，学汉语拼音，家中设佛堂，用汉语念佛，八点再去上班。我因不太懂汉语的书面语，目前正在新加坡跟随我的汉语老师勤奋地学习中文。我已打定主意在中国出家。

一个多么虔诚的学佛者！

如果说先前陈永宏被我的摄影作品所感动的话，那么现在我是被他的真诚决心所感动了。对于追求理想精神境界者，我多是倾心钦佩，惺惺相惜，尽力相助的。

我决定帮助他！

我决定将今后整个过程以纪实摄影图文形式记录下来，以飨大众。

华夏民族向有缘的异邦人敞开了博大的胸怀

平日甚少求人的我决定动用我的一切关系，不惜代价地为这个素未谋面的新加坡人实现自己的人生愿望而奔走努力，给他创造一个接受考验的机会，不图任何报答，单单纯纯地为他做一件好事。至于国家政策是否许可，他能否通过审查考验，那就看他的缘分了！

经过先后达数月的努力，费了许多心，跑了许多路后，我终于可以去电通知"游客"陈永宏前来中国了。我告知他，中国政府部门与天台宗佛教为他所作的一切努力后，并建议他作为人生的终身大事，待来天台实地了解、亲身感受佛门的生活后再作决定不迟。

146

因为我清楚，作为艺术作品的摄影尽管来源于生活，但往往高于生活本身，而艺术的联想特征更加剧了两者之间的差异。本着对他负责的意愿，请他自己前来看看我摄影作品所描绘的佛门与实际的寺院生活是否相符。

于是就有了2004年5月29日上午，杭州萧山国际机场这一幕。

中国佛门持续三年的编外僧人

在杭州逗留两天后，我带着摄影器材，陪着陈永宏前往200公里以外的天台山。

中午在天台县城我们一起吃了顿饺子。我拍下他吃着肉饺仰着脖子喝啤酒的镜头，笑着对他说："这可能是你这辈子最后一次吃肉喝酒了，给你留个纪念吧！"

然而事情远非我所想的这么简单。

下午下起了淅淅沥沥的雨，我们乘车来到古木葱茏的国清寺前门，题有"隋代古刹"大字的暗红色照壁在雨中闪现。陈永宏背上沉重的行囊低着头冒雨向它走去。

这一刻我甩掉遮雨的伞，亮出早已装上了长焦与广角镜头并已打开电门的两台尼康相机，奔跑在这个出家者的左右前后不停地按动快门，我要为他、为一切有佛缘之人记录下这历史性的一刻。我不顾脸上与相机流淌着雨水，一直拍到他走进雨幕中迷离可辨的悬挂着"国

在濛濛细雨中，陈永宏走进了中国佛门

早课结束后，陈永宏与僧人们一起按佛教戒规进食早斋

清寺"匾额的天王殿大门为止。

早已等候着的国清寺客堂法师接待了两个水淋淋的虔诚信徒。安顿好住处后，我们被告知正式谈话时间待后定，让陈永宏第二天开始即按天台宗佛教规矩进行正式僧人生活体验。

次日凌晨三时半天还绝黑，寺院敲板声已响，习惯佛门生活的我与陈永宏同时醒来。

四时，陈永宏穿上自带的黑色新加坡居士服，双手恭敬地捧上美国版的中英文对照佛教课诵本，我睡意未消地背上相机拽着三脚架带永宏随同黑暗中的人流汇入大殿。按排列规矩，永宏排在居士侧的最末位，混入大殿数百红黄相间的法师与杂色衣饰的居士中间，开始了他在中国佛门的首次佛事体验活动。我在大殿黑暗处架着相机为他记录下了人生的这

与天台山佛学院僧人一起上早课，体验中国佛门的生活

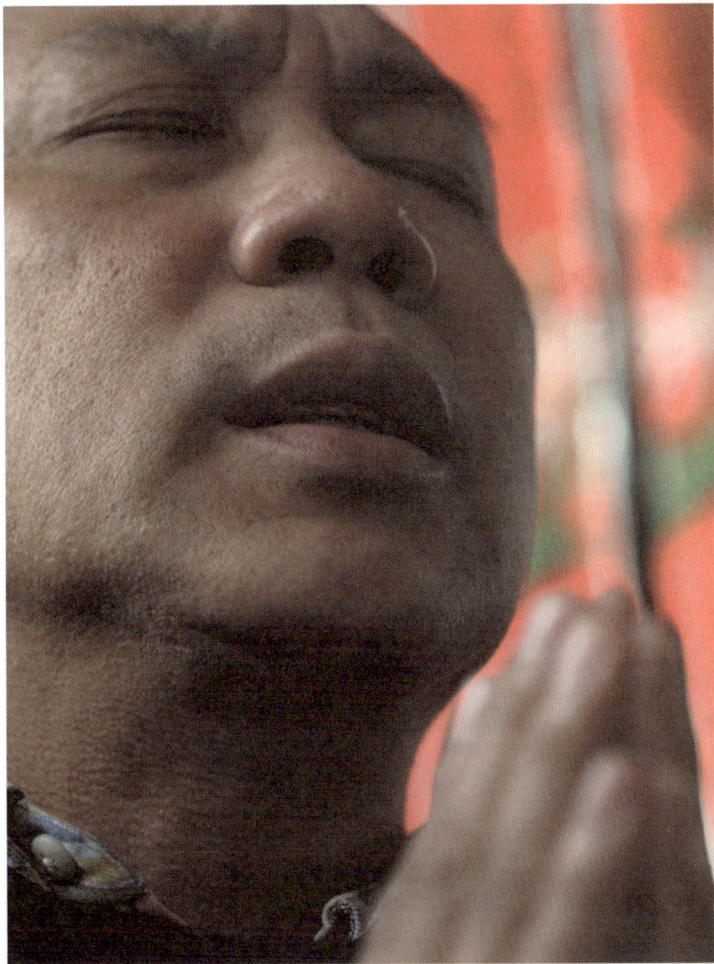
心灵的皈依

次日,国清寺派车送我们上山去了位于大山深处万年寺内的天台山佛学院。待安顿完毕,我即带永宏去看"影中人"——我摄影作品中的学僧本人!该班几年前已毕业,还剩留校升读研究班的几位。

我打开学僧房间电脑,联网到我的摄影网页,对着电脑里

拜了中国师父的陈永宏取得了"皈依证"

摄影画面中的学僧与活生生坐在陈永宏对面的本人，以这种别致而有趣的方式在快乐怀旧的氛围中为他们一一作了介绍。我要让永宏与之熟悉并交朋友，让他从艺术作品的了解过渡到对真人真生活的了解，我想这也是我的职责所在吧！

6月9日，我陪同永宏前往拜见了方丈大和尚。在见面详细叙谈后，方丈同意陈永宏若他本人愿意的话今后可每年数次前来体验僧侣生活，直到双方最终觉得合适后再上报国家宗教局审批。

就这样，新加坡人陈永宏以编外僧人的身份正式融入了中国天台山佛学院的佛教生活。

每天，他与学僧们一起上早课、过堂、读经、上晚殿；与僧侣一起散步、打坐、交流谈心。

十数天后，已回新加坡的陈永宏给佛学院写信并将信的内容传真与我，信中大意是：自天台山回到新加坡后，他依然沉浸在对国清寺和佛学院的美好回忆中。当他置身于佛学院时，他感到一种精神的愉悦自然地从心底生起，一种和谐，内心与

陈永宏在中国佛门从头学起

隐修僧人向陈永宏传授天台宗的打坐修炼方式

150

佛学院的和谐，使他愿意去亲近它。他感到一定与佛学院有源（缘）！从那时起，他就意识到他找到了学佛的最终归宿。他希望在佛学院开始他的修行，他说这个决定是经过深思熟虑的，……佛学院是他真心的选择。

陈永宏还在电话里说，中国是他祖先的国度，他喜欢中国，他决定一辈子在这里出家了。

从此，每年陈永宏都从新加坡来天台山佛学院数次，每次一两个月。起初我陪他来为其沟通，最后他自己来了。

2004 年过去了。

2005 年又过去了。

2006 年 8 月，中华人民共和国国家宗教局正式批准新加坡人陈永宏在中国出家的申请。

2007 年 5 月 31 日，将公司转赠他人及处理毕世俗事务、

新加坡人陈永宏终于等到了剃度这一刻

陈永宏在等待剃度仪
式前沉思着

了断尘缘的新加坡人陈永宏在中国天台山正式剃度出家，时年五十七岁。

从2004年5月31日首次来天台，到2007年5月31日正式剃度，时隔神奇而不可思议的整三年时间，一天不差！

这一天，也正是释迦牟尼佛的佛诞日！

影缘联起远隔重洋的异国佛缘

新加坡人陈永宏终于如愿以偿在中国剃度出家！

我内心的欢愉、感慨及复杂思绪难以言表。

从2004年在杭州萧山国际机场我拍下了他第一张照片以来，到2007年拍完他正式剃度仪式，历时三年，我持续不懈地以数千张图片记录了这一感人的过程及诸多细节。我在挑选整理编辑这些图片的时日里，生出了许多的感慨，是什么机缘联结起了这难以置信的异国佛缘？

是摄影，作为艺术门类之一的摄影居然能改变人们的生活！

聆听戒律的宣读

正式穿上中国僧人的衣袍

　　是的，摄影不但能改变人们的生活，摄影甚至能改良社会，改写历史！

　　从20世纪70年代美联社记者黄功吾一幅《火从天降》摄影作品引起美国全社会对战争的谴责，从而促使了越南战争提前半年结束，到摄影家解海龙拍摄的《我要读书》希望工程摄影作品使中国数以百万计的贫困失学儿童从此改写了人生；从杭州几位摄影家对于绍兴安昌环境恶性污染危害民众的义愤而以摄影图片为民请命，从而促进了环境的根本改良，拯救了全镇数万百姓的健康，到我的佛门纪实摄影作品竟使远隔重洋的异国人陈永宏从中找到了灵魂的最后归宿，彻底改变了他的人生轨迹，从这一切及历史上无数的事件来看，摄影对人类的作用可谓大

剃度后不久的陈永宏已能按中国正式僧人的规范在房间内练习打坐

正式剃度后我与陈永宏合影，以纪念这特殊的一天

矣！作为一种艺术门类，居然能如此有益社会、造福人类，影响历史，我觉得这是作为艺术的摄影终极意义所在。而帮助陈永宏找到了人生归宿并夙愿以偿，我把它当成一个摄影家生涯中最高的光荣，其意义已超越了我曾经获得的国际摄影金牌奖、冠军奖等艺术荣誉。

然而，万事成功皆须机缘，摄影亦不例外，陈永宏最终得以出家自然也不例外。

我曾多次在想：假如当初我将这些外文及垃圾邮件按惯例随手删除，而不突发奇想破例用翻译软件翻一下，或翻译后也没重视，那陈永宏今天又会在哪里？他的人生又会是怎么样呢？还有，陈永宏出家整个过程遇到的种种顺缘之事，尤其是

中国佛门多了一位特殊的异国僧人，法名"华传"

来自新加坡的陈永宏也带来了国际与现代的理念

2004年5月31日与2007年5月31日这两个时间神奇地对应
又该如何去解释呢?

我只能说，是佛缘殊胜成就了远隔重洋的异邦人的出家梦
和摄影家的心愿。

而在当今的中国，这个新加坡人更巧遇了另一种殊胜之
缘：从中国政府倡导构建和谐社会到国家正在逐步走向更加
自由、民主与开放；从中央和地方各级政府的全力支持到中
国佛教的慈悲与接纳，一路祥云一路歌，感人情怀。由此看来，
陈永宏可谓又逢上了国家
与时代的机缘了。

青灯黄卷相伴，漫漫长路修远

光阴易逝，岁月如
梭，陈永宏在中国剃度已
两个月整了，我想，现在

帮助寺院厨房干活，熟悉教内事务

他又在做些什么？心情如何呢？

我拨通了华传法师陈永宏的手机，电话里依然是那东南亚口音浓重的欢悦的声音。他说可能是看了新闻媒体的报道，前段时间山下陆续上来好些人到万年寺来打听探望他，最后寺里出面才一一把他们劝回去。

他说现在是轻松又忙碌——经好几年的努力后终于剃度了，心里一块石头落地，接下去可以一心学佛了，所以很轻松；但他近来却很忙，因为他现在要尽快了解并抓紧学习中国佛门出家人的许多规矩，同时，他每天抽时间去厨房、客堂帮忙，在帮助别人的时候自己也熟悉了寺院内的事务，学到了教内必需的知识。

电话里他说，更主要的是他现在有一个新的目标——他正在为将来的受戒作一切准备！为此每天花费很多精力背早晚课诵及有关佛教经论典籍，因为这是受戒必考课目。他已了解到国内有一处修行很好的佛教名山将开坛受戒，他希望今后能有缘分到类似这样殊胜的地方完成自己的受戒大愿。

我相信，这个有着坚强信念的真诚向佛的外国人必不会辜负众多关注着他的目光。

而且，我还将以摄影这种形式，不断地记录下这个佛缘殊胜之人的现在和将来！

附录 [1]   佛教常识问答

问: 什么是佛教?

答: 佛教, 广义地说, 它是一种宗教, 包括它的经典、仪式、习惯、教团的组织等等; 狭义地说, 它就是佛所说的言教, 如果用佛教固有的术语来说, 应当叫做佛法 (Buddha Dharma)。

问: 为什么称释迦牟尼为佛呢? 佛的意义是什么?

答: 佛字是 "佛陀" 的简称, 是Buddha的音译 (如果用今天的汉语音译, 应当是 "布达"), 佛陀的意义是 "觉者" 或 "智者"。"佛陀" 是印度早就有了的字, 但佛教给它加了三种涵义: (1)正觉 (对一切法的性质相状, 无增无减地、如实地觉了); (2)等觉或遍觉 (不仅自觉, 即自己觉悟, 而且能平等普遍地觉他, 即使别人觉悟); (3)圆觉或无上觉 (自觉觉他的智慧和功行都已达到最高的、最圆满的境地)。

问: 佛法的基本内容是什么?

答: 我前面说过释迦牟尼当初出家的目的是为了寻求解脱生老病死等痛苦之道。当时印度许多教派都是有最后解脱的理想的。佛教教义的基本内容简单地来说, 就是说世间的苦 (苦谛Dukkha-sacca) 和苦的原因 (因谛或称集谛Samudaya-sacca), 说苦的消灭 (灭谛Nirodha-sacca) 和灭苦的方法 (道谛Magga-sacca)。佛教经籍非常繁多, 其实不超出这四圣谛 (Cattāriariya-saccāni, 谛的意义就

是真理），而四谛所依据的根本原理则是缘起论（Paticcasamuppāda）。佛教的所有教义都是从缘起论这个源泉流出来的。

问：缘起是什么意思？

答： "缘起"即"诸法由因缘而起"。简单地说，就是一切事物或一切现象的生起，都是相待（相对）的互存关系和条件，离开关系和条件，就不能生起任何一个事物或现象。因（Hetu）、缘（Paccaya），一般地解释，就是关系和条件。佛曾给"缘起"下了这样的定义：

若此有则彼有，若此生则彼生；

若此无则彼无，若此灭则彼灭。

这四句就是表示同时的或者异时的互存关系。

问：什么是大乘佛教？

答： 大乘Mahāyāna和小乘Hīnayāna是佛教的两大宗派。

问：大乘小乘有什么分别？

答： 大小乘的分别，主要在于大乘着重利他（利益大众的行为），小乘着重自己解脱。大乘有不同的经典，在教义上有所发挥和发展。这里可以举几个特点：

首先大乘在灭谛上进一步说"无住涅"。从理论上说，十二因缘灭，灭的只是不合缘生缘灭真理的无明烦恼而不是缘生缘灭的法。"涅与世间，无有少分别。"所以到了佛的圆满觉悟的境界，就能不住生死，不住涅，就能在因缘生灭的世界中，永无休歇地做"庄严国土、利乐有情"的事，而随时随处安住在涅的境界。

　　其次根据缘起的道理，说明一法以一切法为缘而生起，同时又是生起一切法之缘，所以任何人与一切众生都有同体的关系，好像海里面一个小水泡和整个大海水是同体关系一样。所以说，"一切众生是我父母"，又说"视众生如一子"（独子），这样地兴起大慈悲心（慈是同情人之喜乐，悲是同情人之忧苦），"无有疲厌"地"为众生供给使"。大乘佛教特别发扬这种菩萨行的人生观，并且特别鼓励"六度"和"四摄"的行为。

问：什么是菩萨？

答： 菩萨是菩提萨埵（Bodhi-sattva）的简称。简单地解释，凡是抱着广大的志愿，要将自己和一切众生一齐从苦恼中救度出来，而得到究竟安乐（自度度他），要将自己和一切众生一齐从愚痴中解脱出来，而得到彻底的觉悟（自觉觉他）——这种人便叫菩萨。

问：中国佛教有哪些宗派，可否请简单介绍一下？

答： 过去中国佛教出现过许多派别，现在流行的主要有八宗。一是三论宗又名法性宗，二是瑜伽宗又名法相宗，三是天台宗，四是贤首宗又名华严宗，五是禅宗，六是净土宗，七是律宗，八是密宗又名真言宗。这就是通常所说的性、相、台、贤、禅、净、律、密八大宗系。

　　　　（节选自《佛教常识问答》，赵朴初，中国佛教协会出版）

附录 [2]　佛教基本知识

1. 卫塞日: 即月圆日, 佛陀降生、成道、涅槃, 均在阳历五月的月圆日。

2. 佛教旗: 是根据佛陀成道时圣体放出六种色光制成的。即蓝色, 黄色, 红色, 白色, 橙色及以上五色混合色。

3. 佛陀降生于公元前六二三年, 成道于公元前五八八年, 涅槃于公元前五四三年。

4. 菩提树: 因佛陀在菩提树下证悟成道, 称为觉树。树叶心脏形, 叶端尖长。

5. 娑罗树: 佛陀在拘尸那拉城的娑罗双树间涅槃。这种树的叶子是丛生的, 叶长圆形, 开花时期, 花蕊缤纷而下, 铺满地上。

6. 圣客沙: 是佛陀向其母宣讲佛法, 由兜率天下降之地。未来佛弥勒菩萨, 将在此地诞生。

7. 王舍城周围有五座山, 高约千余尺, 总名为灵鹫山（RAJAGAHA）。王舍城因依山得名, 巴利文叫做 RAJAGAHA。耆窟山是灵鹫山的异名, 巴利文叫做 GIJJHAKUTA。

8. 佛陀讲经最早的道场是古印度王舍城的竹林精舍。规模最宏大的道场, 是舍卫城的祇园精舍。

9. 印度最古的佛教大学, 叫做 "那烂陀", 是唐玄奘法师留学的地方。

10. 唐朝有三藏法师, 名叫玄奘, 曾冒艰险, 前往印度取经。

11. 东晋有法显法师往印度取经, 曾经过锡兰及南洋各地。

12. 印度有两个法师最早到中国来的：是摄摩腾和竺法兰。

13. 佛陀在世时，印度忠诚拥护佛法的国王是频婆娑罗王和波斯匿王。

14. 佛陀灭度后，著名拥护佛法的印度国王有三位：即阿育王（亦译阿输迦王），迦腻色迦王，渴利沙王（即戒日王，他曾请玄奘法师宣讲大乘佛法，非常尊敬法师）。

15. 阿育王之子玛兴达（MAHINDA）于公元前二五二年，同其妹僧迦美达，到锡兰岛米兴达礼的地方，遇见帝沙王（KINGTISSA）于狩猎之时，向王宣讲佛法，帝沙王非常欢喜，请玛兴达返京城说法。不久，锡兰王国人民大部分改信佛教。而玛兴达之妹，将印度之菩提树移植锡兰，此菩提树至今仍存在，为佛教的胜迹。

16. 佛教的传布分南北两支，北传佛教称为大乘教，南传佛教称为小乘教，或称原始佛教。

17. 大乘佛教的区域是中国、蒙古、朝鲜、日本等地。

18. 小乘佛教的区域是锡兰、缅甸、泰国、柬埔寨等地。

19. 佛经结集有四次：

（一）第一次结集在王舍城灵鹫山的七叶岩（佛灭度后的九十天，由摩诃迦叶为首席，主持编辑大会，参加结集者有五百阿罗汉）。

（二）第二次结集在毗舍离城，佛灭度约百年，以耶舍长老为上首，重新扶持禁戒。

（三）第三次结集，由阿育王（ASOKA）召集，在波吒利弗多罗城（PATALLPU-TRA即现在印度八那地方）举行结集大会。时在公元前二五O年，由目犍连子帝须（MOGGALIPUTA）为上座。这次的结集，

经藏、律藏、论藏，均已完备。

（四）第四次结集，是由迦腻色迦王所召集，在迦湿弥罗（现在印度的克什米尔地方）。时约在公元七十年，由婆须密（VASUMITAN）尊者为上座，这次的结集造毗婆沙论二百卷。集有部之大成。

20. 佛教以黄色象征智慧与中道，故许多比丘，多穿黄色僧衣。

21. 佛教以莲花代表清净，因莲花生于污泥而不受染。

22. 慧能，是中国唐代禅宗的六祖，主张顿悟禅，与北方主张渐悟的神秀大师，有南顿北渐之称。

23. 中国佛教十宗：成实宗，俱舍宗，性宗，相宗，天台宗，贤首宗，禅宗，净土宗，律宗，密宗。

24. 何谓藏经？藏经就是佛教三藏典籍集成之总称，或称"大藏经"。

25. 研究佛教何故须阅读经藏？因经藏是佛教根本典籍，佛说一切根本法义，皆摄于经藏中。

26. 何谓三藏十二部？三藏即经、律、论。十二部即佛说经分为十二类，亦称十二分教。①长行，②重颂，③孤起，④譬喻，⑤因缘，⑥无问自说，⑦本生，⑧本事，⑨未曾有，⑩方广，⑪论议，⑫记别或授记。

27. 把十二部经，用七言四句偈说出。偈说：长行重颂并孤起，譬如因缘与自说，本生本事未曾有，方广论议及记别。

28. 中国译佛经开始于东汉明帝时，特请摄摩腾和竺法兰来中国担任此工作，共译五部经，四部失传，今所存的仅四十二章经。失传四部，即十地断结经，佛本生经，法海藏经，佛本行经。

（节选自《佛学入门》，主编：简丰文）

法是佛教教义。佛法共分为五乘：人乘、天乘（不要求出家）、独觉乘、声闻乘、菩萨乘五乘。修中品五戒十善为人乘；听法修行解脱生死者为声闻乘；不听法自觉了生死者为独觉乘；既求取解脱又广度众生为菩萨乘，即成佛之道。

163

附录 [3]　佛教法相名词解释

1. **佛陀耶**：简称佛陀或佛, 义为觉者, 即自觉, 觉他, 觉行圆满。故佛陀是三觉具足的大圣人。

2. **菩提萨埵**：简称菩萨。义为觉有情, 即大觉的众生。是上求佛果, 下化众生的圣人。

3. **缘觉**：是听了十二因缘而觉悟人生真理的。

4. **声闻**：是听佛说四谛法而悟道的。

5. **阿罗汉**：是梵语, 华译为无生、破恶、应供三义。

6. **菩提**：义为觉、为道, 即觉道所证的智慧。

7. **菩提心**：即发"上求佛道、下化众生的心", 叫做菩提心。

8. **阿耨多罗三藐三菩提**：是无上正等正觉的意思。

9. **一切智智**：佛的智慧称为一切智智。因佛能遍知世间和出世间超智慧。

10. **一切有情**：一切有情众生。（有情是有生命的动物。）

11. **一阐提**：无善根、不信佛法的人。

12. **二执**：我执（又名人我执）, 法执（又名法我执）。

13. **二空**：我空（悟五蕴无我的真理）, 法空（悟诸法缘生性空的真理）。

14. **二障**：烦恼障（障碍涅槃）, 所知障（障碍真知之智）。

15. **二乘**：声闻乘, 缘觉乘。

16. **三乘**：菩萨乘与声闻乘、缘觉乘, 合称为三乘。

17. **五乘**：人, 天, 声闻, 缘觉, 菩萨, 合称为五乘。

18. **三毒**：贪、嗔、痴, 能毒害身命和慧命, 叫做三毒。

19. **三学**：戒学、定学、慧学。（又叫做三无漏学）。

20. 三身： 佛有三身，即法身，报身，化身。

21. 三界： 欲界，色界，无色界。

22. 三障： 烦恼障，业障，报障。

23. 三慧： 闻慧，思慧，修慧。

24. 三藏： 经藏（修多罗），律藏（毗奈耶），论藏（阿毗达磨）。

25. 三恶道： 地狱，饿鬼，畜生。

26. 三皈依： 皈依佛，皈依法，皈依僧。佛、法、僧，名三宝。

27. 大乘： 是菩萨的法门，以救世利他为宗旨。

28. 小乘： 是声闻的法门，以修身自利为宗旨。

29. 三业： 身业，口业，意业。

30. 三法印： 诸行无常，诸法无我，涅槃寂静，是小乘的三法印。（再加大乘诸法实相为四法印）

31. 四大： 地大，水大，火大，风大。

32. 四谛： 苦谛，集谛，灭谛，道谛。

33. 四等： 即四无量心。（一）慈无量心，（二）悲无量心，（三）喜无量心，（四）舍无量心。

34. 四恩： 父母恩（家庭），众生恩（社会），国土恩（国家），三宝恩（宗教）。

35. 菩萨四摄法： 布施，爱语，利行，同事。

36. 四德： 常，乐，我，净。

37. 四宏誓愿： 众生无边誓愿度，烦恼无尽誓愿断，法门无量誓愿学，佛道无上誓愿成。

38. 四念处： （一）观身不净，（二）观受是苦，（三）观心无常，（四）观法无我。

39. 四姓阶级： 婆罗门，刹帝利，吠舍，首陀罗。

40. 四阿含经： 长阿含，中阿含，增一阿含，杂阿含。

41. 五戒： 不杀生，不偷盗，不邪淫，不妄语，不饮酒。

42. 五欲：财，色，名，食，睡。

43. 五蕴：色蕴，受蕴，想蕴，行蕴，识蕴。

44. 五大：地大，水大，火大，风大，空大。

45. 五明：声明，工巧明，医方明，因明，内明。

46. 五眼：肉眼，天眼，慧眼，法眼，佛眼。

47. 五盖：贪欲盖，嗔恚盖，睡眠盖，掉悔盖，疑法盖。

48. 五浊：劫浊，见浊，烦恼浊，众生浊，命浊。

49. 五恶见：（一）身见（萨迦耶见），（二）边见（执常、执断之见），（三）邪见（谤因果，坏善事），（四）见取见（非果计果），（五）戒禁取见（非因计因）。

50. 六根本烦恼：贪，嗔，痴，慢，疑，恶见。

51. 十惑：贪，嗔，痴，慢，疑，身见，边见，邪见，见取见，戒禁取见。亦名十使。

52. 六根：眼根，耳根，鼻根，舌根，身根，意根。

53. 六尘：色尘，声尘，香尘，味尘，触尘，法尘。

54. 六衰：色、声、香、味、触、法六法，能衰耗人之真性。

55. 六道：天，人，阿修罗，地狱，饿鬼，畜生。

56. 十法界：佛陀，菩萨，缘觉，声闻，天，人，阿修罗，地狱，饿鬼，畜生。

57. 六波罗蜜：即六度的异名，是布施，持戒，忍辱，精进，禅定，般若。

58. 六和：身和同住，口和无净，意和同悦，戒和同修，利和同均，见和同解。

59. 六相：总相，别相，同相，异相，成相，坏相。

60. 六时：昼三时（晨朝，日中，日没），夜三时（初夜，中夜，后夜）。

61. 六道四生：六道中有胎、卵、湿、化的四类众生。

62. 六难：（一）遇佛世难，（二）闻正法难，（三）生善

心难,(四)生中国难,(五)得人身难,(六)具诸根难。

63. 西方三圣: 阿弥陀佛,观世音菩萨,大势至菩萨。

64. 阿弥陀佛: 译意是无量光、无量寿,故亦称无量寿佛。

65. 僧伽: 义为"和合众",指出家僧人六和共住。

66. 达摩: 义为"法",指佛法之法,即经典。

67. 涅槃: 作圆寂解,亦作寂灭或不生不灭之义。

68. 无为法: 是圣智所证的真理,没有因缘的造作。即断了烦恼,证得清净自在的理法(又名无漏法)。

69. 有为法: 是因缘造作的世间法,有烦恼,不能清净。

70. 无学: 声闻乘四果中,前三果为有学,第四果阿罗汉称为无学。(修习戒定慧,进趣圆满,止息修习,名为无学)。

71. 无学果: 是阿罗汉的果位(又名无生)。

72. 佛陀有十大弟子: 舍利弗智慧第一,目犍连神通第一,阿难陀多闻第一,优波离持戒第一,阿那律天眼第一,大迦叶头陀第一,富楼那说法第一,迦旃延论议第一,罗睺罗密行第一,须菩提解空第一。

73. 发菩提心: 佛经上说过,发菩提心的要件,第一是深心,广修无量善法。第二是悲心,广度无量众生。第三是直心,正念真如。华严经云:"菩提妙法树,生于直心地。"因心直则真,心真则志愿坚固,信仰便始终不转移,而能勇猛精进地去做自利利他的工作。

（节选自《佛学入门》,主编:简丰文）

孤独的行旅者
（代后记）

屈指算来，我在佛门已断断续续地度过了九年的岁月。

曾经有不少人问过我——其实我也曾多次问过自己：是佛门的什么吸引了我，竟至于让我沉浸在其中有如此长的时光呢？

我想，应该说开始的时候是因从小的佛缘所致。就像我在《影缘·佛缘》一文中描写的那样："天台是我的故乡……在那旅游与娱乐还没被普遍开发的年代，大年初一去国清寺玩一趟成了那时我们的最大娱乐，这可能就是一种从小的佛缘吧？及至就读于中国美院后，从文化艺术角度看佛教，它又使我神往，产生了今后有机会用视觉艺术表现佛教题材的愿望。"

然而，当后来夙愿以偿真正深入佛门，在亲近、拍摄、感悟它之后，在无数次被震撼、被感动之后，我终于明白：让我耗费将近十年最宝贵的时光于其中的已远不止上述原因了。

我出生于教师家庭，说不清是遗传、是教育、是从小博览家中藏书、是时代风尚使然，抑或是感受了世态炎凉及各种影响兼而有之，在成长的过程中我逐渐形成了自己独特的人生价值观：视庸庸碌碌与虚度光阴为耻，听到人们谈论那些无聊的日常琐事，看到那些缺乏人生精神追求打发时光的人，我会从内心里莫名地生出一种反感。我崇尚有精神追求的人们，崇尚历史上建立了卓绝功绩的先辈们，也希望这辈子通过自己的刻苦努力与不懈追求，干出一番事业，为自己、为家乡、为父辈们乃至为国家民族争光！本着这个人生目标，大学毕业后为了一生不仰人鼻息的纯艺术创作，南下深圳度过了为期十年艰难的打经济基础阶段，于1998年年底既定南下十年期限到后，毅然将企业转赠他人，北归杭州。从此洗净客袍，手不释卷，利用一切机会刻苦不倦地学习文化知识，进行着超越经济目的之上的纯艺术的学习与创作，追求精神境界的提升与道德的完善。"我欲乘风归去，又恐琼楼玉宇，高处不胜寒。"我也曾觅寻同道者，然而不知是我的交游不广未遇其人，还是利益驱动的市场经济时代的社会风尚使然，太多人津津乐道于金钱与享受，崇尚名车豪宅并将之作为自己人生的最大目标与终极追求，万事奔一个"钱"字并称其为"事业"；又有人赚钱后一味低俗地赌博狂饮寻乐以消磨时光，不知人生除了金钱和享乐还有什么可追求的。对此我心底里只有怜悯与生厌，不屑为伍。而志同道合者寥若星辰、远在天边——可以说在超越金钱物质之上的人生精神境界追求的旅途中，我是一个孤独的行旅者；在起早摸黑、跋山涉水的摄影创作旅途中，艺海求索的我也是孤独的行者。"微斯人，吾谁与归？"我只有寄情于大自然，在艺术创作及世俗杂务之暇，于明月松风、名山林泉间颐养心性，陶冶情操。

　　直至有一天众缘聚合走进佛门，在深入佛学院学僧的生活，在拍摄采访了佛教苦行僧、在逐渐了解佛法教义及历经了梵门中许多时光之后，我为佛教僧侣对理想精神境界孜孜不倦的追求过程中体现出的超常意志力与巨大的牺牲精神所震撼。在见到他们不顾囊中羞涩倾其所有资助路人，在见到地上的饭粒被他们一一捡回放到嘴里等无数感人情景后，我又被佛教僧侣的美德所感动——可以说在佛门中我的心灵时常处于一种美好与感动之中。

　　终于有一天我明白：因为我人生的精神境界和心灵追求与佛教僧侣的圆满契合，因为他们的种种高尚美德，才是让我流连于佛门近十年最深层的原因！

　　读者诸君想必会问：难道佛门中人和事都像你所描写的那样美好吗？我想，就像我在《灵隐钟磬入梦来》一文中描写的那样："因佛教在国内是个非常大的宗教派别，佛教弟子众多，难免会有各种不同的人。或许你在佛门内偶尔能看到很不值得赞赏的人与事，但那不合佛法教义，更不代表佛教，并且是极少数；也有不少严格按佛法要求持戒十分严格令人感动景仰的僧人，只是后者常人难有机会接触罢了。"

　　正是由于上述原因，再加上佛法经典浩瀚，常人无法通晓，并且佛教讲究只对有缘者弘法宣讲教义，称"随缘弘法"，故许多人对佛教不甚了解，又看到个别表面现象而产生偏见误会，窃以为这对佛教是一种不公。而有缘亲近佛门的我在其中被深深感动后，内心产生了巨大的驱动力和一种责任感——我要将常人无法知晓的佛门的亲身见闻告知世人，把他们这种追求理想的精神和崇高的美德传播出去。"期望让世界上不同语言与文化背景的人能藉此了解佛教、理解佛教、支持佛教。"正是基于上述的原因，才有了这么多年来我为佛门孜孜不倦的宣扬和传播，才有了本书的最终出版。

　　同时，我想不自量力地藉本书浅陋的文笔，给当今生活于市场经济时代的人们带去一种思考：在金钱享乐之上，人类是否应当有更多更高的美好追求呢？

张　望　于杭州钱塘居

2007年8月21日

1962年
出生于浙江天台。

1985年
考入浙江美术学院（现中国美术学院）。

1987年
在美术学院求学期间前往西北体验生活，进行写生与摄影艺术创作。

1987年
摄影作品获浙江美术学院摄影比赛优秀奖，标志着其摄影艺术追求的正式开始。同年前往云南西双版纳采风，摄影作品在《浙江画报》发表。

1988年
毕业后南下深圳特区，任职画报社美术编辑，之后创建深圳海洋设计制作会社，任社长、创作总监，兼任深圳大学艺术专业客座教师。

1996年
在深圳期间前往长江三峡摄影创作，作品《塑》获专业摄影杂志《光与影》全国月赛一等奖。

1997年
开始接触佛学。创作散文作品《北归》。着手准备结束十年的从商生涯，计划开始下一个十年的艺术创作生涯。

张月望

艺术活动年表

1998年

自1988年至1998年在深圳的十年间，所设计各类型书籍、宣传画册，共获荣誉奖70余项。

1998年

将深圳企业无偿转赠后，返杭州定居。正式开始纯艺术创作阶段。

1999年

作品《春之舞》获浙江省第九届摄影艺术展览一等奖，作品《春》获全国诗书画影展览摄影金牌奖。破格加入浙江省摄影家协会，破格考评获授中华人民共和国高级摄影师名衔。同年，正式开始摄影创作。

2000年

在北京电影学院摄影学院研修摄影艺术理论。同年，专题作品《走近天台山佛学院》发表于《中国摄影》、《中国国家地理》等杂志。《中国摄影报》以整版篇幅介绍其艺术创作历程及作品。

2001年

被破格批准为中国摄影家协会会员。作品《世纪回望》获第十届全国人像摄影艺术展览优秀奖，作品《我心我影》获中国第九届国际摄影艺术展入选奖，佛门专题作品发表于《人民画报》海外版、《人民中国》日文版、《新周刊》等杂志。

2002年

两幅作品入选奥地利国际摄影艺术展，作品《佛教徒的大学生活》获第二十届全国摄影艺术展览优秀奖。台湾《摄影天地》杂志从四月号至十月号以七期版面连载其系列作品，并被聘为该杂志大陆地区唯一的编辑顾问。同年8月开始了持续三年的灵隐寺摄影创作。

2003年

作品《灵隐寺》获"休闲在杭州"全国摄影大奖赛特等大奖。作品入选奥地利国际摄影艺术展。同年8月，新加坡人陈永宏先生受其作品感染，申请在中国出家。

2004年

作品《过堂》、《禅静》分别获得第十三届奥地利国际摄影艺术展专题组第三名、金牌奖，作品《中国佛教僧侣生活》获联合国教科文组织"人类贡献奖"提名奖，作品《过堂》获第21届全国摄影艺术展览优秀奖。

2004年

前往巴黎、维也纳游历并参观了卢浮宫等世界艺术殿堂，极大地开阔了其思想与文化的国际视野。

2004年

被批准为美国摄影学会会员。在世界权威摄影杂志《德国摄影》发表作品。同年，受邀主持《第七届中国艺术节》大型画册创意策划、书籍装帧设计工作。

2004年

策划、摄影、设计的作品《灵隐寺》画册获第六届全国书籍装帧设计艺术展银奖，为浙江省在四年一度的该届全国赛事上所获最高级别奖项，受邀出席首届北京国际书籍设计高端论坛。

2005年

摄影作品《烟霞洞之谜——寻佛》获世界上艺术类摄影最高级别、最大规模的第十四届奥地利国际摄影艺术展专题组冠军奖。

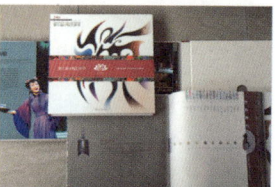

2005年

全案策划、装帧设计的作品《第七届中国艺术节》画册连获三奖：浙江省出版界最高荣誉"树人奖"，第二十一届浙江省书籍装帧设计评比一等奖，浙江省对外宣传画册评比"金鸽奖"。

2005年

受财政部中国财税博物馆委托，主持《翰墨添彩丹青引》大型画册的策划、设计工作。受第七届中国艺术节组委会委托，任《第七届中国艺术节回眸》大型画册总设计师。

张明强

艺术活动年表

2005年

被杭州市人民政府作为特殊人才引进。同年11月，被浙江省人民政府职评部门破格直接评授国家高级职称。

2005年

策划创意、装帧设计的作品《翰墨添彩丹青引》画册连获二奖：第二十二届浙江省书籍装帧设计评比一等奖，第四届华东书籍设计双年展整体设计奖。同年，受邀出席第四届上海国际书籍设计论坛。

2006年

受邀赴欧洲出任第十五届奥地利国际摄影艺术展评委，为中国第四位出任奥赛国际摄影评委的艺术家。同年，摄影作品发表于世界权威摄影杂志《PHOTO》。散文作品《北归》获第三届全国诗歌散文大赛一等奖，被批准为中华诗歌协会会员。

2007年

新加坡人陈永宏在中国天台山正式剃度出家。张望以摄影艺术作品最终帮助一个外国人找到了人生归宿并使其夙愿以偿。

2007年

策划创意、装帧设计的作品《第七届中国艺术节回眸》画册获第二十三届浙江省书籍装帧设计评比一等奖，至此其书籍装帧设计作品已蝉联三届浙江省书籍装帧设计评比最高奖。

2007年

《佛缘》系列摄影作品（共八幅）作为"杭州市艺术精品"被杭州市人民政府正式收藏。

2007年

荣获中国摄影界最高成就奖——中国摄影金像奖。被任命为浙江省高级职称评审委员会评委。

鸣 谢

本书得以付梓，全赖众缘聚合。

此刻我心中充溢着感恩之情，因为书页的背后有着无数熟悉而亲切的身影。

感谢近十年来曾帮助过我的众多法师和佛门挚友，他们不但给予我教法的启导与拍摄的支持，并且让我明白了不少做人的道理。感谢浙江摄影出版社的领导，启发了我构想本书的灵感并提供了良好的出版条件。感谢负责本书编辑、校对、设计的老师们，是他们的努力使本书得以呈现在读者的面前。感谢政府有关宗教管理机构和相关佛教寺院，他们从宗教政策、佛法教理上对本书进行详尽细致的审校和指点，给予鼓励与帮助。感谢我方方面面的老师与挚友，他们给予我从书籍策划到成书全过程无数的启发、帮助与指点，让我获益匪浅。

我更要感谢我的祖辈、父辈们和我的家人。长辈们不但关爱并哺育我长大，而且给予我良好的教益和帮助我树立了独特的人生价值观，而家人对我的理解和给予的真心支持，使我得以全力以赴于事业和此书。

还要感谢在我人生的各个阶段给予我各种关爱的所有人，因为没有他们的帮助也可能没有今天的我，当然也没有今天的这本书了！

同时，因学识浅陋，书中难免有差错及不尽如人意之处，恳请读者诸君不吝教诲指正。

古语曰：知恩图报。我自知恩隆力微，难报万一，只能寄望于在今后的艺术人生道路中更加努力，以不辜负各位的期望与厚爱，藉此作为报答吧！

再次衷心感谢！

张 望 于杭州钱塘居

2007年8月25日

责任编辑：石英飞　林青松
装帧设计：薛　蔚　任惠安
责任校对：程翠华

图书在版编目（ＣＩＰ）数据

佛泽：影像中国佛学文化 / 张望著.—杭州：浙江摄影出版社，2008.1（2018.11 重印）
ISBN 978-7-80686-610-8

Ⅰ. 佛… Ⅱ. 张… Ⅲ. 佛教-宗教文化-中国-摄影集 Ⅳ. B94-64

中国版本图书馆 CIP 数据核字（2007）第 201059 号

佛　　泽——影像中国佛学文化

张望 著文 / 摄影

浙江摄影出版社出版发行
杭州市体育场路 347 号　邮编：310006
网址：www.photo.zjcb.com
电话：0571-85170300-61010
传真：0571-85159574
经销：全国新华书店
制版：浙江新华图文制作有限公司
印刷：浙江佳园彩色印务有限公司
开本：787mm×1092mm　1/16
印张：11.5
2008年1月第1版　　2018年11月第12次印刷
ISBN 978-7-80686-610-8
定价：36.00 元